富人養成計畫 富人養成計畫 富人養成計畫
富人養成計畫 富人養成計畫
富人養成計畫 富人養成計畫 富人養
富人養成計畫 富人養成計畫 富
富人養成計畫 富人養成計畫 富人養成計畫
富人養成計畫 富人養成計畫 富人養
富人養成計畫 富人養成計畫 富人養
富人養成計畫 富人養成計畫 富人養成計畫
富人養成計畫 富人養成計畫 富人養成
富人養成計畫 富人養成計畫 富人養成計畫
富人養成計畫 富人養成計畫 富人養成
富人養成計畫 富人養成計畫 富人養成計畫

富人養成計畫

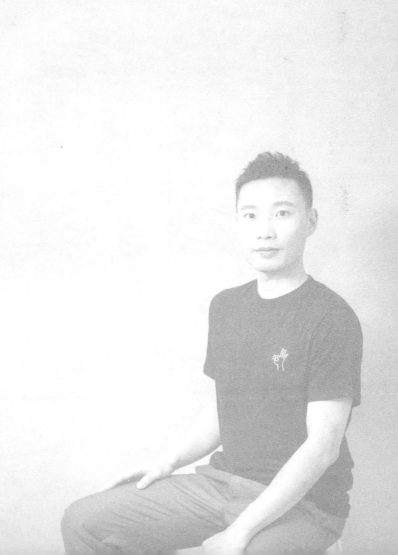

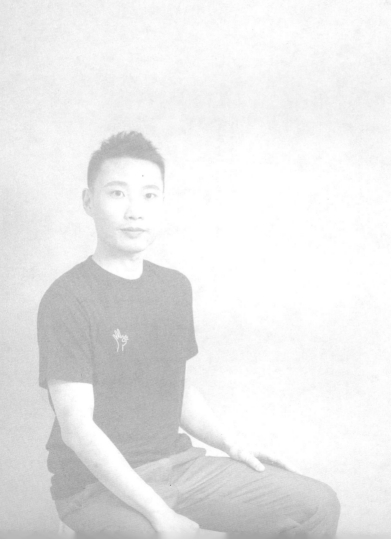

富人
養成計畫

收入配置 資產配置
被動收入 多元收入

財務藥師
林有輝的四帖財務 改造 藥方

林有輝 ◎ 著

富人養成計畫

此書獻給：

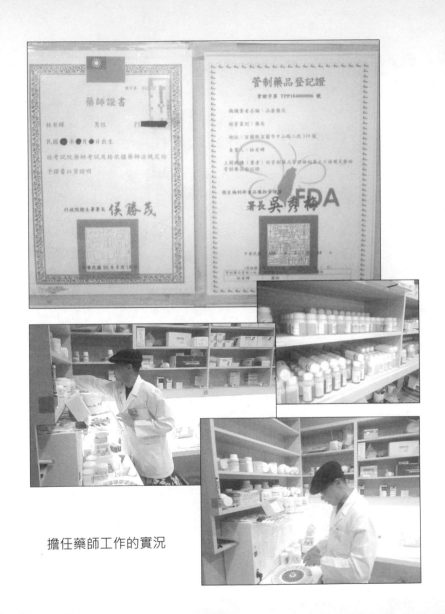

擔任藥師工作的實況

序 改造財務需要的良藥處方

　　財務改造是什麼？財務很多人可能清楚，財務就是關於錢財的事務，本書中貫徹頭尾的就是：「收入配置、資產配置、被動收入、多元收入！」不需要湊到 101 個方法讓你覺得這門知識好像有多強；也不需要弄個 72 招、36 計……等等的「數字魔咒」來吸引你，我就只教你 4 樣東西，把它簡單送給你，讓你去執行自己的財務改造，財務自由其實真的很容易。

　　那麼改造是什麼？改造就是改正加上重造，把積習已久的錯誤觀念改正，照著有錢人成功模式重新打造財務。就像是一個人生病了，除了立即就醫治療以外，還必須要調養改善身體一樣，當一個人的財務出了問題，基本上最大的根本就是財務的體質出了問題，一個人的財務體質若不健康，生了病，也就需要醫治它，而治病的程序，必須先由醫生診斷病情，開立處方，再由藥師調劑給予服用，

而進行改善財務的藥方，也是必須經過一段時間的作用並追蹤改善，真正養好了財務體質健康的習慣之後，自然才會擁有健康的財務、擁有豐裕的財富成果。猶如「吸引力法則」，這種健康的財務體質可以讓人自然富裕起來的神奇力量，我們將它更簡單地稱為「財富能量」，大家就更容易感受、更容易體會了！

我唸醫學院畢業，並且也取得藥師的證照資格開立藥局，在一般大眾的眼裡是所謂的高材生、收入待遇各方面都比別人要好的條件，看來是不愁吃穿的！但再怎麼「高材」，可是在財務方面的智商卻非常的智障，因此當我在投資理財的這一塊積木因為錯放而潰決之後，就算堆疊累積再高的學識和資歷，也禁不起一次的挫敗。

因此在我經歷過由富變貧、又再由貧翻轉為富，受惠於自己跌倒後又再爬起來，更進而達到財富自由的生命歷程之後，我也想要協助他人能夠和我一樣，可以了解「財務自由」這件事情是可以真正實踐的，於是在我走入指導

「財務改造」教練之初，我就發願要幫助 500 個家庭也能和我一樣達到財務自由的實踐，很快就獲得了許多學員的認知、認同而參與，短短時間即超過 20 個家庭或個人接受協助，而在過程之中，其實自己得到的是更大的心靈滿足回饋！

也就像是一個古老的回教故事，這個故事是說，有一個好人得到上帝的允諾要賜予他一個願望，這個好人便許願：「希望能在不知不覺之中做好事！」後來上帝覺得這個願望不錯，於是便將這個願望賜予給世上所有的人。

推薦序 陪伴找尋完整的拼圖

關於財富的事，其實理財的工具很多，投資的管道也很多，舉凡儲蓄、定存、保險、股票、基金、期貨、房地產……等等都是理財與投資的基本方法或工具，但是有輝教練的「富人養成計畫」並不是教你如何去投資操盤，而是先教你把自己的財富缺口、缺陷填補好，透過他的「財務改造」讓大家先了解每一個人關於自己的「財富能量」之後，便能夠體會應用這些投資工具而得到真正的效益。

調理好財務健康的體質之後，就能藉由自己熟悉與適合的工具方法，去拼湊各種財富領域的元素，自然架構出一個完整的財富能量圈，讓自己變成一個財富的大磁鐵，就能讓錢自動吸進自己的口袋，於是財富便能漸漸增多而不會減少，打造出好的財富自然循環就真正可以達到「財富自由」了！

一樣的投資理財工具和管道，為什麼有些人可以輕鬆

上手賺到錢？但有些人講得頭頭是道但實際操作最終卻也沒賺到？其實這就是不同的人，自身「財富能量」的拼圖之中，就缺其中某一塊！而這財富能量之中所缺的這一塊，也就造成他為什麼一直與財富沒有緣分、沒辦法富有得起來？這就是在他財富能量的體質上有一個「病根」，如果不由專業的財務醫生協助診斷，可能永遠找不到問題出在哪兒？也永遠得不到好的藥方？

　　那麼讓自己財富關係的體質健全要如何進行改善？這其實是真正需要追蹤診斷的，並非只看一次門診就能根治，因此有輝財務教練最重視的是一個「陪伴」的學程。

　　市場上不乏許多投資理財各方面的專家講師，但是有輝教練的「富人養成計畫」倒不是傳授你「技術性」的方法，反而是幫助學員去了解自己，健全了自我的財務體質之後，就自然而然能讓所有的人都可以輕鬆容易的學習應用各式各樣的投資管道，而不單只是投資理財的工具而已。有輝教練分享他在陪伴這些學員進行財務改造的過程

中，從最初發願要幫助 500 個家庭達到財務自由的使命，一再地看到它的影響和重要性，這個使命不應該僅僅是某一個數值上限的意義，於是便將協助他人改造財務的理念和方法，建構為一套可以學習成就的系統，也就是「富人養成計畫」，進一步讓它幫助到更多的家庭。

迄今主動積極參與「富人養成計畫」財務改造者，已近百人，遍及各種專業領域。例如：醫療界（醫師、藥師、連鎖藥局店長、藥品業務、護理師、社工、物理治療師……）科技業：工程師；服務業：保險主管、連鎖飯店主管……還有其他各行各業：消防隊員、國小老師、研究員、房仲、富二代、家庭主婦、退休人士…….等等。

從上述許多進行財務改造者的職業類別中，不乏也有高收入者，可見財務問題需要協助的人，不單單是你以為的弱勢者。

非常高興看到有輝教練能把自己的親身經驗及帶領學生之歷程，用深入淺出之語意，將諸多財務的良藥處方和

真實案例集結成冊，希望能夠造福到更廣泛的讀者，即使
不能夠接觸到的廣大的族群，也能透過閱讀而開啓一盞財
務建全的明燈。

　　　　　　　　　智庫雲端-發行人　范世華

推薦序 富人養成的基石

在學院教導房地產的過程中，往往會遇到學員問我說：『Derek 老師究竟我們該怎麼開始投資理財的第一步？我沒有錢怎麼投資呢？怎麼樣可以像您一樣，雖然幾年前是房地產的新人，但在短短幾年時間成為房地產暢銷書作者，又可以帶領其他新人學員，學習買賣法拍屋與中古屋呢？』每每我都需要一番解釋財商概念後，才漸漸了解如何去執行，因此就當我嘗試去整理一套方法，寫成文字協助更多人了解時候，我的好友有輝出現了！

有輝是一位親切總是微笑掛在嘴角的財商教練。

本身是高材生又是醫療相關背景畢業，深知投資理財的重要性，很高興他願意將自己所學的財商知識，透過文字方式將方法公諸於世。

我們都知道理財的重要性，但卻很少人願意分享如何

一步步地達成，或是有系統的操作 sop 分享給大家。有輝教練運用自己的天賦，就像中西醫結合一樣，不再只是頭痛醫頭，腳痛醫腳方式，診斷個人財商問題，而是全方位的了解需求後，給予身心靈與財富全方位的診斷，提供素人真正了解財商的一個敲門磚與踏腳石。

多數人只瞭解要理財，但卻不知道如何理財。在這四篇當中分別由「財務病症」、「財務病症的解藥」、「富與有的健康體質」、「財富的探索」，明確讓大家了解財商中的通病，同時給予解藥與給予通往未來豐盛生活的願景。依據書上的步驟探索了解自己真正的財務問題，了解資產與負債的觀念、甚至給予理財觀念當中最重要的第一步：清楚了解自己擁有多少資產與負債觀念後，才是真正開始踏上理財的道路。簡單易懂的財商概念都是我推薦讀者必買的原因，這也是通往學習不動產或是其他投資理財的基石。

《94 狂-素人房地產快樂賺錢術》共同作者

FUNHOUSE 樂屋學院-創辦人 Derek Liao 老師

推薦序 你不知道你不知道的事

與有輝認識多年，還記得我們第一次合辦的講座主題是「你稅上癮了嗎？」從那開始，我們各自都踏上了財務自由的旅程。

我們從小被灌輸的觀念：努力念書，考上好的大學，取得好的文憑，找一份好的工作，努力工作，升遷加薪……往往許多人的人生在走到這步時才開始感覺到有點不對勁，等到發現問題時，個人或家庭的財務問題上已經陷入泥沼裡！

為甚麼會如此？

因為我們從小接受了學術教育（聽說讀寫算），上大學接受了專業技能教育（工程師，醫生，律師，管理……），但我們這輩子最重要的財務教育（如何與錢打交道）卻沒有被正式教導。因此不難發現，大部分人對「錢」的觀念，其實都是在家庭成長的過程中潛移默化中學到的，好比長

輩總是會說要量入為出，要遠離債務，要省吃儉用，投資不要冒風險等等，甚至在潛移默化的過程中不知覺的就染上了上一代的財務惡習，然後不斷傳給下一代。

有一句話是這麼說的：你不知道你不知道的事。

許多人在人生的過程中，並沒有察覺到他個人的財務問題，在財務上他們只是一昧地執行著上一代留給他們的財務觀念，在不知不覺中陷入泥沼還不自知。因此唯有你知道了，才會發現問題，然後才能正視這個問題，並且解決這個問題。

透過書中闡述作者親身的經歷，其實也道出了許多人的財務窘境，作者察覺了自身的問題，並且選擇了正視這個問題，解決這個問題。然而並不是全部人在察覺到自身問題後，都會願意正視問題，因為正視問題有時候等同於承認錯誤，這是需要很大的勇氣的。許多人在財務問題上，往往都是選擇視而不見，他們相信只要我更加努力的工作，財務問題自然就會被解決，但我們都知道，問題不會

被解決，只是被擱著。

能夠讓更多人更早地發現問題，並且接受正確的財務觀念以及財務教育，就能夠及早脫離財務泥沼的輪迴，走向正確的財務道路，這是對社會有極大的價值和貢獻。作者自身因為經歷過這樣的過程，才能夠體會這過程的辛酸，為了能夠讓每個人都能夠有勇氣正視問題，作者在過去幾年不僅僅給予觀念上的協助，還實際陪伴對方一起走過煎熬的過程。因為自己走過，才能有同理心陪伴別人一起渡過。

富人養成計畫一書，集結了作者過去經歷累積，透過淺顯易懂的比喻，個人經驗分享所歸納出來的財務改造心法與方法，對想踏出第一步，針對個人財務做改造的人，是一本入門好書，值得每一位拜讀。

《金融大騙局》 共同作者
全球台商天使匯-執行顧問 葉佛和

學員見證引言 聯合推薦

以前的我對於「沒錢」及「欠債」是非常恐懼害怕的。
在遇到有輝教練學習配置後,現在的我,對於「欠債」
有了了解,不再懼怕,學習資產及收入配置後,財務只
有越來越好,對於未來充滿希望

～趙護理師

以前的我沒財務規劃觀念
每月拿到錢,只要需要花
就會花掉,對投資理財也完全沒觀念。

實作財務規劃後,讓我自己開始有了投資,懂得投資重
要,也懂的發展天賦重要,知道理財重要,不會再做月
光族的類似行為。

～顏塔羅師

還沒加入財務改造前

我只做了收入支出的配置,知道自己的現金流情況

加入跟大家一起實作後

多了資產配置

每月定期檢視

提醒自己達到目標

資產也慢慢成長中

～遊戲工程師余先生

在做財務配置前

發現自己除了定存外

也不懂得資產配置

也因藉此瞭解了投機錢與投資錢的差異

我們大多人都是靠著主動收入為生

而被動收入才是真正財務自由的目標

未來我依然會進行財務配置

好讓自己更清楚了解財務

～台北　邱物理治療師

以前的我還沒做收入與資產配置時，雖然有記帳習慣，但因為都只在下個月初做結算，每次都要到結算後才發現自己花得太多了，沒有達到控管的功效。而做了收入跟資產配置後，在月初就可以將自己的錢做分配，透過控管生活花費與玩樂的帳戶，就可以讓自己清楚知道還有多少金額可以運用，另外也可以達到警示作用，看著帳戶餘額所剩不多時，就提醒著自己要注意花費。而資產分配則是可以讓自己更了解目前財務的現況，可以避免過度的投機行為，而導致風險問題。

　　　　　　　　　　　　　～竹科工程師老男孩

以前的我，不知道自己的錢花去哪裡，好像有存一點錢，但不知道該怎麼用，在實作收入與資產配置後，現在的我，很清楚自己的錢用去哪裡，存了多少，更有計畫的在安排錢的去處，財務的改變成長，讓我有信心會變得越來越自由。

　　　　　　　　　　　　　～台中郵局鄭先生

以前心思從來不在「賺錢」和「理財」，更何況「投資」上頭。總是當下喜歡什麼就一股腦投入，金錢、時間、精神……

總是要有目標出現才有動力賺錢存錢然後再一股腦用光光……

後來學習種子法則，認識已經財富自由的讀書會好朋友Fionn，看不下去我們完全不懂理財，帶我們玩「現金流」遊戲建立一些理財觀念，並要我們開始練習記帳。

後來上天安排種子郵差有輝教練來帶我們學習「財務改造」。

就像「業力管理」要靠記錄「六時書」才能有清楚的覺知和真實的改變。

在實作收入與資產配置後，就像有「財務管理的六時書」一樣，提醒自己覺知自己的財富種子、金錢種子都種到哪裡去了？是種在「水泥地上」還是種在「肥沃的土壤」？每一筆金錢種子的意義、創造的價值是什麼？

透過不斷練習與覺知，現在的我，對金錢/財富的種子意識越來越正向、積極。金錢/財富不是創造來綑綁我們，

而是創造來協助我們不斷流動、不斷擴展、用愛與利他的意念觸及整個世界。

目前我開花的財富種子有：

一群長期實踐種子法則的教練、老師、金錢種子業力夥伴，一起尋找並創造好的投資/創業，預期透過投資/創業達到多贏：

+產業/產品/服務升級

+客戶滿意歡喜

+股東/合作廠商穩定獲利

+公益回饋社會

一路走來，有輝教練以身作則，不斷陪伴、支持、引導許多夥伴努力踏實前進，許多為善不欲人知的舉動更是讓人覺得暖心。

感恩這所有的一切，願豐盛圓滿遍及一切眾生。每個人都能充分享受發揮天賦創造的喜悅與自由，每個人都能享受不虞匱乏的「氧氣財」。

～筠霏

以前的我對於財務規劃懵懵懂懂，在實作收入與資產配置後，打開我的視野，錢不是只有存保險、銀行，還有黃金、房產、股利…等等多元收入與資產。每月的收入配置檢視自己努力的成果，又更往前進與成長，現在也比以前不那麼恐懼金錢，感謝這些一點一滴的累積，讓我完成今年去國外旅行的夢想

～台中瑜珈老師陳小姐

以前的我花錢比較不知道節制，也缺乏財務分配的概念，常常不清楚錢到哪裡去了，現在的我會較努力覺察自己的消費並且盡量保持一定的儲蓄，儘管收入未必高但保持存錢的習慣，期待能積少成多也讓自己在財務上更加安心。

謝謝教練：）

～台中 Aginiya

以前的我是不理財的，所謂「我不理財，財不理我」在教練的指導督促下，整理財務做收入與資產配置，找到自己的財務漏洞，將沒必要的支出修改--創造許多的財富--

現在的我，神奇的是這一年下來，原本過著寅吃卯糧的生活—

今年竟然有更多投資機會與創造許多財富，並完成了我讀研究所的夢想！

而且我竟然記了一整年的帳，這是我第一次，因為在教練無形的督促之下

～高中黃老師

以前對於財務有著不安感，走上投機的逃避心態，在學習收入與資產配置後，現在我勇敢面對，財務上不止有很大改變，更重要是內心充滿從未有過的踏實感。

～台北黃先生

財務配置之前，我比較常只用記帳的方式，只知道錢花到哪裡去，所以還是比較少能確實掌握住怎麼花比較有效益，用收入配置這個方式配合記帳分別後，會比較簡單的確定，能花多少錢，還剩多少口打，挺好的！

～台中自由業 ken

從高中我就開始半工半讀
所以照理來說到現在其實應該要存不少錢
但是卻常常在月底的時候會發現錢不夠用
都有想要存錢的念頭
但是總是月光光
畢業後從事的工作其實薪水頗高
但因為有錢就花
所以接近月底到下個月領薪日總是很拮据

後來很感謝遇到有輝教練
上了您的財務改造課程

其實顛覆以往我對外面上財務課的看法

很多去上理財課，其實大多都是抱著想要多賺錢啊

或者是上的課程內容都是怎麼買基金怎麼看股票

但是有輝的課程卻是叫我們怎麼好好做配置

先清楚知道自己金錢的流向其實才能好好的運用錢

現在不但能夠存到錢，而且月底的時候戶頭會有餘額也

不會有以前那種沒錢的焦慮感

財務配置會一直做下去

養成用錢的好習慣

總覺得戶頭的錢會越來越多

之後再來好好運用

慢慢朝著財務自由前進

謝謝有輝

～台中 Dana

以前的我財務管理沒有目標，上過財務改造的課程過後，有目標、有方向，持續成長中，感謝教練！

～台北 Amy

認識有輝教練，就像是揭開我與金錢之前的朦朧面紗。過去我一直以為自己對金錢還蠻能掌控的（至少要用時沒缺過）但是在有輝教練講解貨幣戰爭後，很驚訝用這角度更深入的認識資產與貨幣關係，過去以為資產其實沒有"保障"，心裡只能飲恨"相見恨晚啊～！"另外，教練也提供許多增加"被動收入"的方式，鼓勵大家能朝財務自由邁進。在投資標的選擇上，更是給予許多面向的思考與評估心法，能在一堆眼花撩亂的標的中，明智的挑選相對安全有價值的投資。這是敲醒我財商腦的第一個警鐘。

第二個是教練最重視的六罐子收入資產配置，在做了六罐子後，更是令我涼了一身汗，驚覺我用生命賺錢，更是用生命在灑錢。我的血汗錢就這樣默默的在我"鬼遮

眼"的情況下,從破漏的皮夾洞流出,積累了一缸(甚或超過!)的錢默默流失,我真不忍目睹,只怕自己吐血。在持續做六罐子後,很神奇的發現自己對金錢更有把握也更"安心",讓每位進來與出去的錢寶寶都能有他的"位子與去處",體會開源節流的真諦。每一筆花費與消費考量可以更理性評估,也不失其自由度,不會流於枯燥乏味的舊式記帳,養成持續的好習慣,讓人可以輕鬆理財,開心迎錢。

有輝教練勤勤懇懇的輔導許多家庭,祈願能讓更多人財務自由活出自己的快樂人生,真的很開心也幸運能夠認識有輝教練並向他學習,能夠將如此重要的財商智識惠及家人與朋友,相信這些種子很快能長成大樹,連成一片財務豐盛的美好森林!

~台中陳小姐

以前的我，對金錢的瞭解只有眼前的加減乘除，雖然開始接觸投資理財，但總是像瞎子摸象一般，迷惑在技術與細節中，看各種投資理財的書籍，覺得每個講的都有道理，卻總是無法分辨財務中的輕重緩急與先後次序。

在實作收入與資產配置後，對金錢能量的流向，有很臨場切身的實際體驗。對自己每一分錢該如何運用，為何要如此運用，都是經過自己理解後的選擇。不再無明的隨著消費社會的刺激而流轉。

現在的我，更瞭解金錢對我的價值在於，是人用錢，而不是人被錢用，如何透過金錢傳遞的能量，來搭建構築自己的願景和方向。瞭解這一生所為何來，又透過金錢的協助，豐富不虛此行的人生。

財務的改變成長，在於透過有輝教練引領，看見財務的整體，見樹又見林。做好配置，不會盲目迷失在追逐單一商品，或是跑到另一個極端，保守到不願瞭解讓自己財富增值的契機。在財務上穩健經營成長。讓人安心，就有充沛的能量，更讓人有時間空間，探索這一生所為

何來，活得豐富燦爛，發揮天賦，創造社會價值而不虛
此生。

～國小老師羅先生

目錄

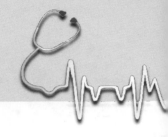

目錄

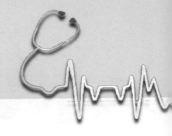

目錄

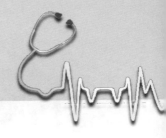

第四篇 財富的探索－財務能量

Part-7 財富與價值的變化

目錄

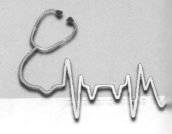

〈附篇〉財富職涯、心的事業 (學員生涯改造與陪伴)

第一篇

財務病症

（正確的財務觀，不單只是談理財）

富人養成計畫
為你的未來換個有錢人的腦袋

「財商」不過是個「創造財富的工具」而已，一個人真正要改變自己的財富命運，自己的財務體質只要事先調整好，自然就會有好的「財富能量」，讓錢自動流進來。

　　透過財務改造的過程，我創造出多達十數種被動收入來源之後。才深深了解到提升一個人的「財富能量」是多麼的重要！但是社會上還是有非常多的人就連最基本的財務觀念都是完全陌生的，所以當我自己親身經歷了財務改造的這一段路，並且從負債人生走出了財務自由之後，我不僅提升了自己的生活，我更想做的是幫助身邊的人也能一起提升。

PART-1

「知」與「不知」的問題

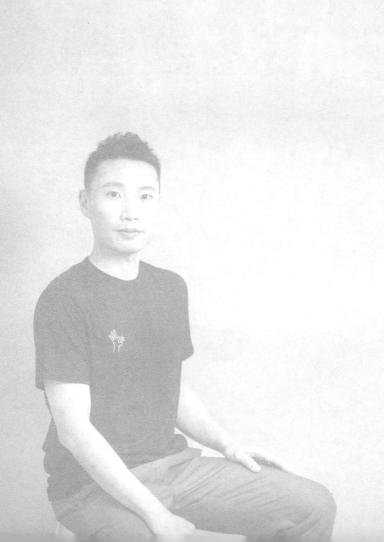

01

為什麼要財務改造？

每一個人對於自己的財富都是無法滿足的！

看到魚缸裡面飼養的金魚，我們只要把魚飼料灑進魚缸裡，金魚就會一直不斷地吃，如果我們不去停止餵食金魚，牠們就會沒有節制一直不停地吃、不停地吃……

金魚被豢養在水族箱裡，飼料就成了牠們唯一攫取的生命意義，人類生存在這個社會環境之中，財富之於人，就好比魚飼料之於金魚，追求財富也成為人生最重要的意義和目標！然而對於財富金錢的數量，每一個人對於它的渴求似乎永遠都是不足的，而要定義每一個人的財富究竟要擁有多少才是夠？這個問題永遠沒有答案！

✿ 「財富自由」的定義不能只看一半

「財富自由」這個字眼，大家一定耳熟能詳，到處都聽得到，「財富自由」簡單的定義就是「非工資收入大於總支出」，也就是當你不上班的業外收入賺的比你的總支出還更多，那麼你固定工作的死薪水就不重要了，因為不上班也有錢花，你就可以把工作辭了，過你自由自在的生活了。

這個觀念雖然很簡單，但要能夠做到可不容易，所以你很努力地朝這個目標去執行，Just do it！

可是，你不覺得它哪裡怪怪的嗎？

「財富自由」這個聽起來很簡單的道理在現實上很難達成，並不是所謂「知易行難」的問題。

「現金流」的遊戲告訴你，只要「非工資收入大於總支出」，那麼你就算是跳出「老鼠廻圈」，達成「財富自由」了，可是現實之中，如果你的總支出本來就少，那麼非工資收入很容易就大於它了啊！例如自己去創業，不論當老

闆或是合夥做股東，自己沒薪水，事業營收分紅就比薪水高了啊！但你這樣財富就真的自由了嗎？

有一個很大的「迷思」就在這裡，為了追求「財富自由」有許多人悶著頭在做後面（創業）的這件事，而忽略了前面（本業）基本的事。

❀ 求財、求好必先穩固基礎，不忘「本」

「財富自由」的定義如果你只看一半，就以為懂了，自己就去拼，沒能開花結果反而蝕了本！

其實一個人要追求財富自由，過程的關鍵基礎還是要認知自己的「本」是什麼、「本」有多少？不管是「現金流」遊戲教你跳出「老鼠廻圈」，還是去實踐「非工資收入大於總支出」，根本的關鍵在你「原來的本業工資」是你維繫基本生活的基礎，如果你以為財富自由只要去創造「非工資收入」就好了，在還沒有真正足夠的收入以前，就貿然放掉自己的本業，沒有了「本」，就連維繫基本生活的條件都

不夠了。

比如，小明是上班族，下班後想增加非工資收入，跑來跑去會不會多增加交通費呢？可能總支出就增加了。談case、談合作，會不會多增加交際餐飲及場地費呢？可能總支出就增加了。

改造和改變並不是捨棄或丟掉！夢想追求其他的會比原來的更好，如果丟棄你維繫現實的飯碗，卻產生另外更大的一個坑，你還是得挖其他的來補。

❀ 改造「多、少」，才會「真」自由

所以「財務改造」，表面上是簡單讓我們能創造更多的收入與財富，但實際上它是在協助我們處理財富金錢的問題，主要範疇其實有兩個部分，一個是「夠」、一個是「不足」。

「不足」是你還沒有「財富自由」，如何改造你的收入

模式，比如多元、被動收入，讓你可以「財富自由」；「夠」是你已經「財富自由」了，你怎麼樣知道自己夠了，才可以停止像魚缸裡的金魚一樣毫無自制地不斷攫取，不再成為金錢的奴隸。

　　當你現況財富「不足」，透過財務改造我可以讓你達成財富自由；當你已經財富自由，財務改造讓你知道「夠」滿足，再進一步提升圓滿，財富的狀態和意義才算「真正」的自由！

02　最大的問題是
「不知道問題在哪裡？」

中國人常講的「財運！財運！」

當我知道一個人是真的可以改造自己財富能量、財富生命時，當我知道我可以，其實你也可以，那麼「財務改造」的這件事，人們為什麼不去做？原因可能是大多數的人還「不知道」，大多數的人不知道財富能量是可以塑造、財富的生命也是可以自己改造的，而少數知道自己財富命運的人，卻又不知道要怎麼進行改造？

因此當我認知了這件事之後，自己也得到了它的助益，我也發願要將這項所學貢獻給這個社會，於是，「500個家庭財務規劃」就是我的使命！

❀ 曾經我也淪入負債百萬

講到我為什麼會參與到財務的改造，並且開始做自己的資產配置，也是在自己一開始背負有貸款的時候，自己去想辦法克服，試著想要用什麼方法來為自己的理財做一個真正的學習，而為什麼我會發生負債，原因是在我退伍剛出社會時，我和所有年輕的人一樣充滿著雄心壯志，想要快速成功致富，於是當時很勇於冒險投資，股票、基金、期貨……許許多多的金融投資商品都是用完美的包裝在吸引著所有夢想致富的投資人躍躍欲試，而這些投資理財的領域對於當時主修藥學的我來說，完全就是個「門外漢」，抱著賭博的心態去投資，使我這個剛剛才踏入社會的新鮮人，才出江湖就已負債百萬了。

我的這個負債的金額相對別人算是少了，我當時負債120 萬，與銀行借款五年期的信用貸款條件，每個月還銀行大約兩萬。當自己發生投資失敗而負債，我檢討自己並認真開始學習理財的這個部分，「跌倒了！失敗了！但一定

得要知道自己是錯在哪裡?」

❀　從零開始學理財

當時我每個禮拜會花兩天的時間上來台北參與學習。首先在參與學習之前,我自己是先對稅務方面下工夫做了解,因為對於稅務比較有研究的關係,在有一次稅務分享的機會之中,我認識一個房地產的達人,他專門做房地產的收租,當時他已經有 6 個案子,大約隔成了 40 個套房在收租,因為他們在購買投資標的申辦房貸的時候,為了能夠爭取到好一點的貸款條件,會希望他們在投資第 7 間房子、第 8 間房子時,每一間房子都由各個不同的登記名義人,所以在這樣子的因緣際會之下,他問我名下有沒有房子?

當時的情況因為我個人有房子,但那時候我女朋友沒有,於是我的女朋友就擔任了他們第 7 間房子的登記名義人,而我在那個時候也是以兩萬塊錢參與了投資,所以才

開始有了被動的收入。

　　我當時就是這樣子因緣際會以兩萬塊錢就成為了他們合作的股東之一，慢慢的一步一步，了解了各種多元的投資管道，也讓我在財務規劃的這個方面有了心得，並且能夠以我的經驗，或者是我所看到的案例去分享給其他在財務上發生問題，及可能需要幫助的人。

❀　先「過得去」，了解問題就不懼怕

　　我很感恩我有這樣子的際遇，如果不是當時我第一筆兩萬塊錢的投資，我現在不會是其中的股東之一，而我因為這小小的投資成為股東之後，我每個禮拜固定會有兩天會到台北開會，參與會議與學習，才真正讓我了解了財務的這個領域，慢慢的經過了 3 個月之後，我也就了解怎麼樣計算租金報酬率、怎麼樣來管理房客、怎麼樣來看待資產，以及財務上的規劃。重點是我們身旁可能也有很多投資理財的機會，但是好的機會你要怎麼樣才有可能接觸

到?怎麼樣去尋找?總要有人開門給你這個機會!

所以當我自己能夠對我的財務進行改善,並且有了成果之後,我覺得這一件事情其實應該也可以去幫助別人,如果有機會我也必須開這個門,去幫助需要幫助的人!

像這個領域之中我所接觸到的就是房地產以及金融,我在這個時候我才知道原來我的房地產可以用來「轉增貸」,換了一家銀行申請房屋轉貸,對我的房子重新估價之後,我反而能夠借到更高額度的資金,轉增貸之後其實解決了我原先 120 萬的債務,我原先一個月可能需要花到兩萬塊來貸款,在我一百多萬的信貸還了兩年之後,我才知道可以用我名下的房地產去做債務的整合,剩下三年多的信貸,透過轉換成房貸之後,我把用房貸(低利)多借出來的錢還掉原本的信用貸款(高利),變成了一個月只需要繳一萬出頭,讓我每個月的生活負擔壓力真的大大鬆鬆了一口氣。

接下來,我的還款從最開始的將近兩萬塊錢降到了一

萬出頭，之後又再降到了 7,000 塊錢 ，還款負擔逐步的下降，加上自己財富的能力又再增加，這樣子的轉換從困難變成容易，你就會發現自己的財務能力，漸漸能夠負擔的其實不只這樣而已，面對房貸也並不用害怕了，當你不害怕之後，你就有能力可以去創造更多的收入。

03

為什麼
明明「知道」卻不能行？

　　原先因為自己投資失敗，背了信用貸款的債務，自己內心是很挫折的，心想：「五年的信用貸款，我真非得熬過五年之後，才可以重新開始嗎？」經歷了一次的挫敗，就要煎熬這麼久的時間，似乎完全沒有翻身的機會。

　　這種挫折的負面思想，一直就像是對我自己的懲罰，把我自己關在一個「心牢」之中，那時五年都覺得久了，更何況是二十年的房貸？因此當時其實本可以用房貸來渡過難題的，但我卻想都沒有去想！老一輩的人都灌輸給我們絕對不要欠別人錢的觀念，因此大部分的人都會覺得「借錢有如一種罪惡一樣！」、「身上背有債務的人是不道德的！」由於那種金錢彷彿是「原罪」的一種道德觀，使我

們一旦身陷債務問題的時候，都希望能夠儘快地「出獄」釋放自己，但其實當自己條件不足以承擔得起當下所面臨的負債以及每個月的負擔時，若一直把自己陷於「不平衡」與「不協調」的狀態時，自己所設限的苦難也是走不出來的！

❀ 負債的「牢籠」

以我自己為例，一開始自己背負的信用貸款，當時每個月兩萬元的月付金就去掉了我固定收入的大半了，其餘的生活開支就完全竭盡了，根本就沒有勇氣嘗試其他的，也根本無法再做其他任何改變，因此我背債的前兩年真的像是過著有如牢房裡的生活一樣，只能數著日子、一餐過一餐罷了！

而是在我得知可以應用房貸改變我的債務結構，將每個月承擔還款的月付金降了下來，才使我真的有機會可以嘗試進行一些改變，因而有所作為。

本來完全不敢離開自己工作崗位的我，因為每個月繳交貸款以及生活費的支出後，我的收支情況有了一些剩餘空間，我就可以挪出一些預算來做其他的學習，偶爾可以去上課充實自己，有了其他的機會可以提供自己本業或專業上的分享，我等於多了一些兼職、打工的機會，因此我除了本來的固定薪資之外，就開始有了額外的收入，於是我的財務狀況也開始真正呈現一種「正循環」，漸漸地我在財務的學習和領悟當中找到了一種熱愛以及成就感。

✾　決心不做上班族

當我從不只一種的收入可以增加我的財務狀況，找回了信心可以讓我的財務體質調回健康狀態之後，那個時候我已經下定決心我不要再當一個固定收入的上班族了。

因為學習使我接觸到更多的機會，也使我得到更豐富的知識以及更有意義的滿足，於是我就沒有回去再當一個全職的藥師，而是做兼職，然後到處去打工。

果真不久我的打工收入就已經可以維持在三萬,當我一個月三萬塊錢就可以維持我的生活,我就不需要花其他的時間再去做「超時的工作」,而多出來的時間,我就可以每個月花時間去學習、交朋友,做其他更有意義的事情。

羅伯特‧清崎「富爸爸‧窮爸爸」的決定財富的四個象限

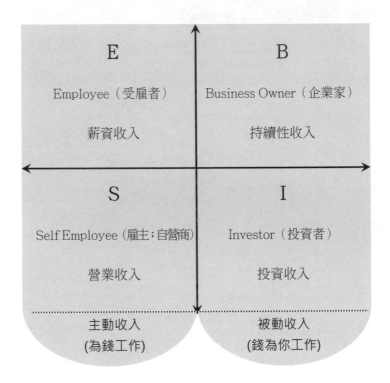

> ➤ E：薪水族，失業就沒有收入
> ➤ S：收入靠自己，做一天才有一天
> ➤ B：靠商業模式，有系統性的持續賺錢
> ➤ I：靠錢去賺錢

04 專家的距離未必能親民

被真正的專家稱做為專家，這是一個非常大的鼓勵！

舉例來說，像這本書的發行人-范世華，曾實際在銀行工作多年，後來轉職房仲，在培訓房產業界專才的領域，可說是真正的專家講師，以他居於金融理財專家地位之姿，反而極力稱讚我，竟從醫學領域跨足到財務，並且親自擔任教練、協助他人財務改造的實際行動非常的誇讚。

他說站在舞台的人看不見自己，未必真正了解台下觀眾想看什麼？反倒是像我這種從外行到內行的人，因為就是經歷過和一般需要被幫助的人所碰到過的問題，所以反而可以更實際的「被接受」，並且可以真正的「實踐」！

❀ 天賦能力傳授也有天賦的障礙

　　世華老師的一席話，讓我想到我在大學的時期暑假打工是當游泳教練，但我其實並不是真的很會游泳，那時我覺得很奇怪，為什麼反而體專游泳選手的學生不想要來教？後來我知道他們不想來教是因為他們雖然自己很會游泳，可是要你叫他們教游泳他們反而不會教，他們也不知道應該要怎麼教，因為他們自己擅長游泳，對於水性非常的熟悉，所謂的「水感」這種東西，對他們來說就是很自然的一種東西，他們反而不知道要如何把「水感」這種東西去傳達給學生，很難去形容讓別人了解，就他們而言，他們會覺得「游泳這麼簡單的事情，為什麼你怎麼教就是學不會？」所以要他們這些體育游泳本科的選手來教游泳，他們反而很挫折，很不願意去教。

　　相反的，我從小就是很會打桌球，在學校也是桌球選手，可是叫我教桌球我就不在行了，因為我只會打，揮拍對我來說就是一件很自然的事，打桌球就是一種手眼協調

的能力，要怎麼樣去教人家把桌球打好，這對我來說反而是一樣有很大的障礙，不知道怎麼樣把自己專精的部分轉換成最基本的語言讓別人聽得懂、學得會。

❀ 素人影響力的時代

所以真正的專家，當他們在傳授知識技巧的時候，比較沒有辦法跟一般人一樣，能夠用一般人的同等高度，透過相同的語言幫助一般的人真正受用，即使專業實力再強，也只是專家自己的知識跟智慧，別人無法吸收學習的話，也是無法傳承，非常可惜的一件事情。

因此世華老師稱許我能夠實際帶領陪伴財務需要幫助的人真正的學習，以他們的立場、角度跟語言，實際去教他們，這是一件很不容易的事情，而我自己也因此更受到肯定，未來也一定要把它做好，學習可能不一定要用最高的技術來去達成目的，重點是「**你開始了沒有？你怎麼樣去做？**」這才是最重要的。

其實世華老師也是從一個素人變成專家的，但他卻謙虛的說：「能夠真正影響年輕人的世代，已經不是他們這一輩人了！真正能夠影響年輕人的，其實還是較為年輕的這一輩！」而我正是他口中所說的最佳典範。他還說了一句非常經典的話：**「現在的時代不是專家影響素人的時代，而是素人影響素人的時代了！」**真正要把財務學好，不是去找真正的名人專家去學習，而是找跟一般素人一樣背景，有自己實際走過而真正成功的人，可以做為榜樣，才有真正可以學習的參考模式，才真正看得到一條「可行的路」，才會實現真正的可能！

✿ 曾走過平凡，才認得成功道路的風景

專家為什麼會跟一般人有距離，以往有一些專家現在會失去影響力，也就在於現在的時代機會不同了、環境也不同了。年輕人會覺得說：「你們這些專家，就是因為本身條件好、有資源，所以才能夠真正成為專家。」就像是連

勝文的條件本身確實非常優秀，可是就因為他是連戰的兒子，所以他才有這個機會條件能夠去管理一家捷運公司，如果只是一般平凡人，原本沒有任何條件、沒有資源，就算自身的聰明才智比他還優秀、比他更努力，但如果一點關係、機會都沒有，沒有相當的背景賦予他具備了無形的資源，如何能夠在這個社會上比他更有成功的機會呢？

　　所以「素人影響素人的時代」，也就是這些年輕人比較願意看到的，是跟他們一樣的平凡人經過了實際的努力，找到了方法、找對了路而成功，這樣的故事、這樣的實例，真的才比較能夠說服他們，才是可被接受的，這讓他們真的可以尋求一樣的模式和方法前行，而這種成功的可能性，在現實的社會當中才是真正有用的，對他們真正比較實際的東西。

1-4
專家的距離未必能親民

PART-2

正、負（＋・－）加、減

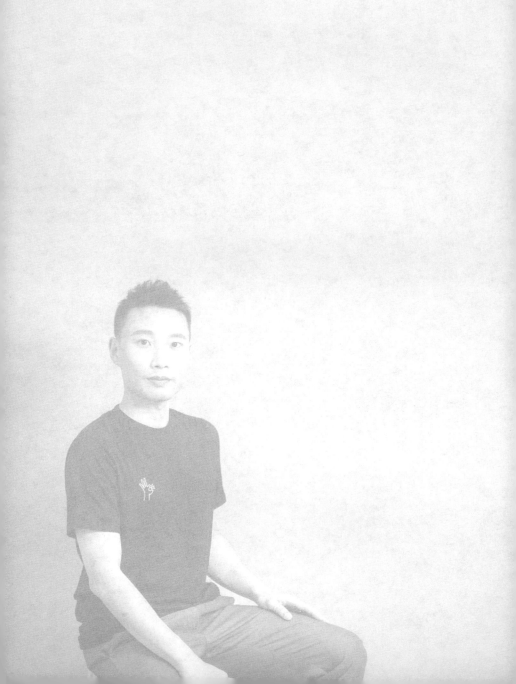

常常聽到一個諺語，叫做「有錢、沒錢，討個老婆好過年！」這句話的意涵是要鼓勵人可以用樂觀的態度來去面對生活，既然「有錢！沒錢！」都得要過生活；「有錢！沒錢！」呈現了不同人的生活；「有錢！沒錢！」也是真實社會的分佈狀態。所以，我們社會周遭，其實同時存在著「有錢的人」與「沒錢的人」。

　　但為什麼我們的視野似乎只有看得見其中的一種，只關心到財富正面「有錢」的這一部分，而就財富負值「沒錢」的這一面，我們好像完全都將它忽略掉或視而不見了？

　　既然「有錢！沒錢！」的問題它都確實存在，那麼我們所關心的財務問題，就不只是「有錢人」以及「如何賺錢」的問題而已……

01 檢視自己的財務問題

　　我們如何認知自己的財務問題？最容易的方法，就是你現在自己立刻去銀行，向他們說要申請貸款。因為只要從銀行願不願意借你錢？或可以借給你多少錢？從最現實結果就可以知道自己當下的財務狀況有沒有問題了！

　　其實很多人並不知道，申請貸款只是徵信和審查的程序而已，你並不一定真的要把錢借出來，而你也不一定非要等到你真的沒有錢的時候才去向銀行借錢！這是一個最聰明的方法，但很多人不知道，總等到真的缺錢的時候才向銀行辦貸款，可是往往等你真正有需要、有緊急的時候，不必檢測也能知道你在財務上已經發生問題了！

自己照鏡子，看不到自己背後的問題

一個人會在財務上發生問題，終究原因其實大多並非是「一時」的，影響一個人會經常在財務上窘迫，除了現實上的收入有問題之外，最重要的是他可能已經養成了許多財務上的「不良習慣」，累積長久，已使得他的財務體質產生影響，造成財務不良、財務困難的窘境顯現出來！

因為「習慣」是自己長期所養成的自然行為，自己的問題往往是自己察覺不出來的，所以當你財務體質差的時候，你找銀行，銀行不願意借你錢的時候，你還不知是怎麼一回事，當你被逼到絕境，最後去找上地下錢莊，高利的代價你更承受不起，就墜入萬劫不復的深淵了！

為了避免等到最後發生嚴重的結果，自己才發現問題，也來不及解決，就必須事前防範，而最好的方式就是請別人來幫你看問題，因為自己的問題，就像是自己在照鏡子一樣，你如果只靠一面鏡子自己照，你是看不到自己

的背的。因此這個時候，能靠專家老師來幫你看問題，就會非常有效了，雖然前面提過並非每一個專家都擅長幫他人解決問題，但每一個專家看問題、找問題、說問題的能力，絕對都是一流的。

由於「習慣」會讓自己忽略掉某些問題，自己也就不容易看清自己的問題，所以檢視自己還是要請求別人協助，就像是身體不舒服、生病去找醫生看病，身體健康檢查得要別人幫你做檢查，才能看得出毛病一樣，所以要檢視自己財務問題的狀況，最好的方法還是請別人幫忙找才比較牢靠。

❀ 不假手他人，自我檢測就要靠工具

當然，一般人如果不覺得自己的財務有問題，或不知道有沒有問題，就像是身體現況好好的，你也不可能沒事跑去看醫生，可是在財務狀況還沒有狀況的時候，有沒有什麼方法像是量血壓、計算心跳，類似的方法可以檢測自

己財務狀況到底健不健康，或可能潛藏看不到的危機，可以事前了解，以便先行預防呢？

　　就像開頭說的，找銀行辦貸款，銀行借不借你錢？借多借少？是用什麼評定標準呢？我們可以藉由銀行貸款的「信用評分表」來幫自己簡單打分數，大概也可略知一二了，而這個「信用評分表」它也是必須配合「貸款申請書」之中所有的每一個項目依據帶入，並徵調借款人於「金融聯合徵信中心」的個人信用報告書，以了解其金融往來債信資訊之後去計算的。

PS. 其實「金融聯合徵信中心」有提供國人每年一次調閱自己個人「信用調查表」的免費服務，有興趣的朋友可以親至或以郵寄的方法向「金融聯合徵信中心」辦理。

　　但是當你在清楚知道銀行的貸款信用評分表所有評分的項目之後，其實也大概知道你在應用它來自我檢測時，必須像「做功課」一樣去看待它，不能僅憑自己的喜好只「選修」某幾個項目，如果你略過其中某些項目，自我評定出來的結果也就失真，不具太大的意義了。

個人信用評分表之計分項目與詳細內容

性　　別	男　　女
年　　齡	未滿25歲　　25-29歲　　30-34歲　35-49歲　50歲(含)以上
婚姻狀況	未婚　　　已婚　　　離婚
職　　業	公教及專技師　負責人　正式職員　派遣臨時人員　自由業
年收入(含配偶)	未滿30萬　　30萬以上　　70萬以上　　100萬以上　180萬以上
現職年資	未滿1年　　1-2年　　3-4年　　5年(含)以上
社會服務年資	未滿1年　　1-2年　　3-5年　　6-9年　　10年(含)以上
教育程度	研究所(含)以上　　大學　　專科　　高中職　　國中及以下
現住房屋	自有　　　家族房屋　　　租賃
不動產狀況(含配偶)	有不動產均未設定　已設定本行　已設定他行　無不動產
已有授信總額	無借款　　50萬以下　　50-100萬　　100-200萬　　200萬以上
聯徵查詢次數	無查詢記錄　　1家查詢　　2家查詢　　3家(含)以上查詢
信用卡張數	無信用卡　　　1-4張　　　5張(含)以上
發卡行家數	0　　1-3家　　4-6家　　7家 (含) 以上
持卡卡齡	未滿1年　　1-2年　　3-5年　　5年以上
繳款使用情形	全額繳清　　循環信用　　分期付款　　預借現金
遲繳記錄	0次　　1次　　2次　　3-5次　　6次(含)以上

　　而既然銀行的信用評等項目有這麼多項，除了個人基本的「性別」、「年齡」無法改變之外，其他項目條件是可控的變數，那麼其他所有的每一個項目你都要盡可能地去取分，譬如「信用卡」的項目其中就有 5 個項目，若你連一張信用卡也沒有，那麼相關「信用卡」的 5 項計分就都是（0）沒有分數，所以辦個 2、3 家銀行的信用卡，你的信用評等的分數就會大大加分，但「水能載舟、亦能覆舟」，如果你擁有信用卡卻不好好維護、正確使用它，若有遲繳、預借現金、循環信用等情形，則會是（負分）扣分的。

　　財務發生問題異狀的情形，不管你是靠他人或是專家來幫你找出問題，或是按照「自我檢測」的方式檢視發現到自己的問題，當知道問題是出了什麼毛病之後，自己的問題還是得幫自己付諸行動、做出改變，才能真正解決的。

02 「理財專員」只賣金融商品

　　「財務改造」的觀念跟「理財」其實是不同的。很多人會覺得只要是相關於財富和錢的事情，都是屬於投資理財的問題，既然說是投資理財，大家也就只有關心：怎麼賺錢？怎麼投資？怎麼樣增加自己的財富？……因為「投資理財」有一句話是這麼說的：「你不理財，財不理你！」但現實上還有先決的條件是：「你必須先有財，才能理！」

❀　並不是管道和方法的問題

　　所以很多人在主觀意識上就會這麼想：「等到我賺大錢之後，等我有了錢之後我再來去學習理財，再去煩惱這個東西。」然而「財務改造」這個課題，它並不只是投資理

財，教你怎麼賺錢和怎麼存錢，財務改造其實是更加關注於你財務上金錢的流進與流出，以及你要怎麼樣配置，才能夠讓你的資產跟財務真正的健全與健康，所以不是有錢和沒錢的問題。

現實的情況是，你若沒錢，銀行理財專員不會理你，因為理財專員在金融機構中所扮演的角色，只不過是提供金融商品和工具給想要投資理財的客戶，他們的職責其實就像是金融百貨公司裡的專櫃，站在哪個品牌的櫃位就只賣他們專櫃裡有的商品而已。

❀ 金融商品只是工具並非理財的根本

當你有錢，去銀行是找理財專員購買金融商品；當你沒錢，一樣也是去銀行，但是找的則是貸款專員幫你辦貸款，因此不管有錢、沒錢，銀行都會從你身上賺一筆，重點是你和銀行的往來，你的代價付出，是否真的能夠讓你賺更多？或是解決你真正的財務困局？

　　如果你已是負債，銀行的貸款專員，短期只能給你商品工具或是再用新的債務幫你整合舊的債，你的根本問題仍然無法解決，而真正要能徹底翻轉你的財務觀念以及財務改造才更迫切必需要做的，真正要進行財務改造只有我能幫你，當我的財務改造計劃有能力可以幫助你的財產現況由負轉正，那麼當你真的有錢、賺到了大錢之後，財務配置的計劃，也就更能幫你創造財富的效益，讓它自己長大！

03

陪伴問題，渡過問題

　　本來我從藥學走到財務這個部分，當時很努力賺錢、很努力上班，賺的錢就去做投資，投資股票也好，房地產也好，包括傳直銷也加入過，但後來賠了，賠錢之後，我想要東山再起，想要把財務的事情重新學習，可是我發現市場上雖然課程很多，可是卻沒有人願意帶，雖然有課程，可是上完課程之後就結束了，網路上也沒有好的平台可以練習，課程上完之後，自己真的去做也不知道到底對或不對，因為回到投資失敗當初最早做決策的時候，有誰會知道自己的決策是失敗的？誰會知道自己在財務的拼圖之中缺了哪一塊？又有誰可以提示自己要填補哪一塊的缺口？

　　所以如果上完一般市場上的財務課程之後，也不容易

再找到那個老師，就算找到那個老師，可能找他一次、兩次，他會理我，但我如果他找十次、二十次，他不一定會理我。於是我才立志決定我在財務拼圖的這一塊，如果未來重新拼好完整，起來了、自由了，我想要做的這件事情就是「陪伴」這件事。

因為我自己經歷過這樣的事情，讓我知道財務真正碰到困難的人，財務的缺口是很難自己找到方法可以去填補它的，真正是需要一個老師陪在身旁輔導幫助才行，就像病人在醫院裡頭需要醫生或護士隨時陪伴照料一樣，在財務的病人身邊幫他檢視他的財務現在到哪裡了？如果現在負債了，應該要怎麼做？要讓他先能安定、安心下來，負債這個錢「事小」，如果他負債百萬，我就介紹負債千萬的人；如果他負債千萬，我介紹一個負債上億的人，那麼這樣他就安心了！

安心之後才能夠真正的養病，才有希望再走下一步，這時還要給他信心、給他方向，不是說就不管了。

富人養成計畫

　　改造財務的病症就從「收入配置」來開始，看看這個月過關了嗎？沒有，那就想辦法！這個月過了，那下個月呢？下個月過了，那麼明年呢？讓他一步一步自己可以很放心，當他自己覺得：「我的財務規劃好，到明年都OK了！」慢慢他也能夠知道，財富生命的意義，當有錢進來之後要怎麼用？同時怎麼樣來好好愛惜他自己！

04 建立財務健康的好習慣

　　一個人的財務如果發生問題，或是長久以來在財務上一直都是陷於窘狀的情形，就好像許多所謂的「月光族」，每個月每個月都在重演相同的劇情，在財務上很明顯就是他的「財務體質」出了問題，而「財務體質」不良的狀態，有些人可能會歸咎於天生，但其實大部分的情形是來自於習慣，因為體質的改變並不是一天、兩天所造成的，它的成因必然是因為「習慣」而養成的。

　　要說明什麼是習慣？

　　每個人在穿衣服的時候都會有從左手先穿或右手先穿、穿鞋子會從左腳先穿還是右腳先穿，這機率是一半一

半，但哪一種才是對的？並不是習慣從左腳先穿鞋的人去說服那個從右腳去穿的人，而是你怎麼樣把鞋子穿好、把衣服穿好，這才是重點。

所以財務一樣如果要能夠做得好，也不是一定非要先做什麼、再做什麼，存錢的道理也不是像穿鞋必須要從哪個先穿或哪個後穿，所以存多存少也沒有關係，最主要的是要存錢，如果確定都能夠照著你的這個意念去做的話，其實也就已經建立出好的財務習慣了。

那麼財務的體質不好、不健康，要把它調整改變恢復健康，也不是一天、兩天的事，也需要建立良好的財務健康習慣之後，慢慢的把體質調理好，才不會一直重複生病，所以透過「習慣」的養成，持之以恆，當你建立好你的健康財務習慣之後，不管你在財務上是因為「先天」的問題或是「後天」所造成的結果，它都可以自然迎刃而解。

但是養成好習慣，往往對於大部分的人來說是有困難的，習慣如果馬上說變就變，那就不叫習慣了，大部分的

人很難克服改變「以往」的習慣，原因是另外還有一個叫做「惰性」的東西在拉扯，所以為什麼現在會有愈來愈多人會為了身體健康、為了保持身材，要去參加健身中心，去找一個「健身教練」固定為期來幫助自己，為的就是要去強迫自己做到改變。也因此在建立財務健康習慣的這個部分，我會強調「陪伴」的重要性，財務的改造不是你來上完幾堂課，回去之後你就可以改變了，你如果沒有真的去做改變，財務體質是不會變好的，就像想減肥的人，如果只有一天、兩天真的做好運動、節食，但是沒有繼續持之以恆下去做，很快又會復胖回來的意思是一樣的。

第二篇

財務病症的解藥

（財務改造的處方箋）

富人養成計畫
為你的未來換個有錢人的腦袋

大部分人生了病去看醫生，出了門診手上拿著醫生開立的處方箋去領藥時，會先仔細看它每一項的內容嗎？其實一般人基本上都不會，都是經由拿到藥包的同時，仔細再聽藥師告訴他們如何服用的注意事項。

　　為什麼不會去看，因為處方箋的內容全是英文，且又是特殊專有的字母拼出來的，懂英語也未必看得懂！但這個過程為什麼病人可以放得下心呢？……因為相信專業！

PART-3

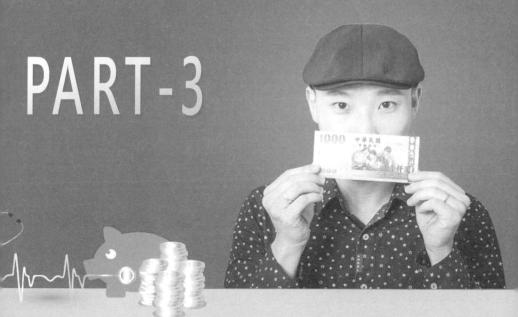

四帖財務改造的藥方

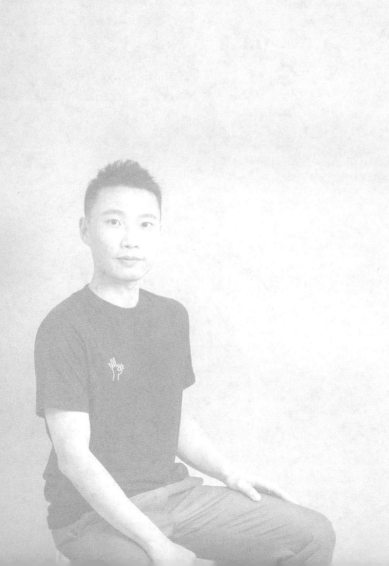

　　一般人遭遇到問題時，求助的目的只是想解決問題而已，因此普遍只能接受專家告訴他「怎麼做就好！」有身體不適，生病了，大家面對醫療系統的機制是如此，那麼如果是財務發生了問題，想要解決問題，同樣的也會希望專家可以幫他直接對症下藥，直接告訴他「怎麼做！」就好。因此如果我不能將財務改造的治療處方弄得最簡單，如果不能把財務健康的「藥理」簡化，你若一看就覺得複雜、很頭大，基本上你連想要搞懂的動機都沒有，那麼治療好了這一次，下次碰到同樣的問題你還是會生病。

　　因此我把財務改造的治療處方，簡化成最簡單的 4 項原理方法！也就是：

1. 收入配置
2. 資產配置
3. 被動收入
4. 多元收入

01 收入配置

　　有收入就會有支出，但其實我們不需要兩個部分都去談，收入的配置其中就是把支出的項目做比例上的分配，因此如果支出的分配本來就包含在收入之中，那麼只要收入沒有問題，同樣在其中所含的各個支出問題，也一樣就能搞定了！這就是簡化處方的道理。

　　解決財務的問題如果我們真的要把一個人的財務狀況做成一個「財務報表」，再去跟你分析你的資產多少、負債多少？然後你有幾項收入總共多少、幾種支出共多少？一項一項的去說明解釋分析，這就是學校老師或是會計師的語言方式，現實這不是學校，你也不再是學生要去應付考試的題目了，你只是要做好自己的財務，也不是要去做會

計，更何況大多數的人只要算到自己支出有多少？負債有多少？心理的壓力就會油然而生，學習的意願和效果反而也不好。

因此，我只需要跟你談收入，你的收入怎麼進行配置，下一個處方我也一樣只跟你談資產，不談負債，因為收入和資產如果配置好，如果收入和資產的狀況沒問題，接下來的支出和負債其實也就不用看了，因為它也不會有問題！

簡單講「收入配置」就是在你的收入進來以前，就設定好你要支出的比例，也就是當有一筆錢進來，你可能就是設定好你要有多少存起來。那麼是要存多少？比方10%、20%，因為其他還會有 10% 到 30% 要拿去玩樂、教育、捐贈，讓你的收入可以去發揮「錢的功效」，這是讓你可以真的是當「錢的主人」，而不是奴隸，再剩下的就是生活花費。

進一步就是當你一有了收入之後，你就是要從其中拿

10% 去用來玩樂、10% 拿去做教育（去學習興趣、學習技藝……之類）、5% 拿去捐贈，而不是等到先花掉多少的生活花費之後，剩下多少錢才可以玩，才去做其他的用途，若是沒有先設定好「收入配置」，以這種隨性的財務狀態去做收支的使用，沒有配置也就沒有基本的因應條件，不能夠控制變化，也就缺乏應變的能力，是很容易會發生危機的！

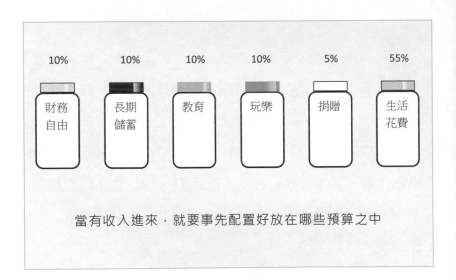

當有收入進來，就要事先配置好放在哪些預算之中

富人養成計畫

　　而「收入配置」還會影響到你後面如果要貸款、還款計劃以及資產配置，所以收入的基礎是會跟你後面所有財務的關係連在一起，不管一個人的財務現況好或不好，假設是負債的狀況，你還是要有收入來維持生活過下去，還款可能占你現在收入的比例有一大部分，目前排擠了你捐贈或是玩樂的比例，但是還是要有其他固定的分配比例做好設定，這樣你財務的狀況至少不會再惡化下去，而是會慢慢地轉好起來；而財務現況良好的人，因為做好這個收入的配置之後，可能會讓你財務加分的情況更有效率。

　　這第一個處方也就是財務體質調理最基礎的一個要領，必須切實去做，像我每一個月一定會將我自己的「收入配置」做出來，將我每個月收入進來的錢支出在教育、玩樂、捐贈、生活花費……等等各個項目的比例是多少，PO 在通訊社群的群組中，讓學員可以看到我是「以身作則」真的有在「身體力行」地執行，這樣同時也可以提醒學員們一起落實，激勵他們認真去做。

　　因為好的財務「習慣」是必須經過一段時間重複不停地去做才會真的培養起來，我陪著大家一起做，讓大家可以養成良好的財務習慣，有好的財務習慣，整個財務的體質才會健康，有了健康的財務體質，面對金錢上可能發生的風險問題，就會產生自體免疫力可以去抵禦防範它，不致讓自己陷入財務的危機和病症之中了。

02

資產的配置

　　因為一般人談到整體財務的問題，彷彿好像都要列一個「資產負債表」來討論，然而解決財務的問題如果我們真的要把一個人的財務狀況做成一個「財務報表」，再去跟你分析你的資產多少、負債多少？然而你如果現在就過不去了，該怎麼辦？

　　媒體三不五時就會把年金和勞健保的議題拿出來炒，所以常常會聽到大家在爭論勞保年金什麼時候會破產？全民健保什麼時候會倒？

　　萬一有一天勞健保真的破產了，什麼都沒了，什麼都沒了不光是未來沒有了，就連之前所有存繳的也都全部沒

有了！大家會害怕社會的共同資產破產了，也就沒有共同資源了，如果是自己的財富資產全沒了，不僅僅是從前所有的辛苦努力全都白費了，自己的未來還過不過得下去？

藉由社會財富可能消失歸零的憂慮不安，反應我們對於「破產」的恐懼擔心，你就會知道財富資產不光只是「有」就好了，為了不讓自己的財富一夕之間消失不見，或是等著坐吃山空，有了財富、有了錢，你必須拿去「做些什麼」才行！

因此要講「資產配置」，先了解了什麼是「破產」，也就容易懂得「資產」的觀念，進而懂得資產必須要真正拿來應用。而資產的配置，也就是將你長期以來的收入所累積存下來的錢，轉換成不同方法的存在形式，分配比例做持續增加收入的效益，或是保存下來不會不見。

資產配置要把你的資產拿去「做什麼」？當你有了收入進來之後，你要把錢花在哪裡？配置簡單說也就是叫你「花什麼錢」的概念，我把它簡化區分成三種花費也就是

「保命錢」、「投機錢」、「投資錢」。

10% 投機錢

　　期貨、創業......

30% 保命錢

　　黃金、活存、保險......

60% 投資錢

　　房租、股利、債息......

　　這三樣東西，保命的概念很簡單，就是留本的意思，大家比較容易懂，但是「什麼是投資？什麼是投機？」大家卻很容易混淆。

　　簡單講投機是有一種「短期買賣賺錢」的那種概念；投資是擁有一個資產，不管他是股票、房地產，我擁有它之後可以帶來現金流，而不是急著把它賣掉殺掉金雞母，

這才算是投資！

投機除了「短期獲利」之外，還有另一個概念就是「買低賣高」，「買低賣高」在商業市場之中比比皆是，就算是在菜市場裡頭的水果攤和菜販也是買低賣高的，超商、量販店、百貨公司……所有的商業機制、所有的經濟體都在以「買低賣高」來創造它的營收目的，這也就是一種「創業」的概念，創業也就是為了要創造收入。

而「長期持有」股票、房地產……等資產，持續性收入股息、租金……就是投資的概念，然而有時資產價值因為短期間的變化大漲，也想出售獲利了結，立即有了一個貪念上來，那就是投機的心態了。

但是倘若最開始的投資變投機，投資的資產項目發生了「買低賣高」和「短期獲利」同時出現，也只是資產配置的變換決策，重新配置而已，因為商業市場本就是「買低賣高」比比皆是，那麼對於股票、房地產市場的買低賣高，我們又為什麼要說它是不對的呢？

　　重點是當你的收入進來之後，不管是要把它放在「保命錢」、「投機錢」或「投資錢」，總之你必須要去進行「配置」，如果沒有行動、沒有去進行配置，又怎會有「長期收入」、「短期獲利」或者是「買低賣高」的機會和結果呢？

　　因此實際進行「資產配置」，你才會有長期持續或短期一次「被動收入」的回饋。

03 被動收入

整理前面第一個部分先是「收入配置」確定存到錢，第二個部分就是「資產配置」，而以資產配置去得到的收入又是「被動收入」。

❋ 購置資產

被動收入顧名思義可以理解它是你不必做什麼事就會有的收入，最簡單、最常被知悉理解的一種被動收入，就是「租金收入」，大家常聽到的「包租公」，就是最典型的被動收入概念，房東把自己擁有的房子（資產）出租提供他人使用收取租金，房東自己不需要工作，是房子（資產）在幫他賺錢的，因此「房租」這種被動收入很簡單、也很

務實，真的沒有什麼其他選項比它更好了，可是想當包租公或包租婆，前提是你必須先要有房子可以租給別人，得先有能力購買房子，才能夠利用房屋這項資產去創造收入。

由此可知被動收入的基本概念就是靠資產去賺錢，更進一步的說法就是「用錢去賺錢」！

✿ 用錢賺錢

用錢去賺錢的被動收入，「購買資產」創造收入相對來說算是比較簡單的部分，既然被動收入可以用錢去創造，那麼除了花錢去購買資產來賺錢的方式之外，有沒有其他「用錢賺錢」的被動收入呢？

例如我們資產配置有 10% 的部分是「投機」，雖然「投機」它相對也存在了風險，但是如果最後為您帶來的是獲利的結果，自然也是一項簡單的被動收入。

✿ 創造收入

　　最難的被動收入是去「創造」金錢，像是前面資產配置的章節之中我有提到「創業就是為了要創造收入」，但是創業真的很難，也很複雜，有沒有簡單的概念可以解釋什麼叫創造金錢呢？

　　舉例有一本書外面的書店賣 340 塊，可是這本書如果是美國職籃明星 Jordan 寫的書好了，當我拿給 Jordan 簽了名，這本書還只值 340 塊嗎？還有棒球也是，一顆沒有多少錢的棒球，到大聯盟的專賣店買可能因為紀念價值要價 1,000 塊錢，但如果這顆球我讓大聯盟的選手簽了名之後，它可能又比專賣店裡賣的價值更高了！

　　所以「被動收入」最重要的核心在於能夠再去創造收入，當你是一個有能力創造收入的人，自然你就能擁有更多的「多元收入」了。

04

多元收入

第四步最簡單，當我們懂了第一步、第二步、第三步之後呢？這第四步就是「多元收入」，多元收入就是不只有一種收入，就像是你除了工作以外的「被動收入」就是多元收入的其中之一，如果你沒有工作，就只靠這"一項"被動收入，那麼你的被動收入就只是你的固定收入，它就不叫做「多元」收入，所以多元收入是指同時有多種收入來源。

❀ 各種類型的多元收入

除了上班工作的固定薪資之外，另外如果還有收租、

兼職、做網拍……等等，這些大家比較能夠理解最基本的多元收入，就是同時擁有不同工作，就會同時擁有各種不同的收入，但是除了工作和被動收入以外，如果你剛好有個「機會」，比方正好是自己家裡多了一些什麼東西你可以拿來賣，或是出國的時候有一些東西順道可以帶回來買低賣高，也算是一種多元收入。

其他包括出書、賣書也可以也是一種多元的收入，當出書成名之後可能會去接受其他的邀約、演講，甚至上節目也會有通告的費用……

舉例像是我身邊就有擔任瑜珈老師的學員，現在除了在原本教課的教室教學生以外，還有其他活動表演的單位會邀約她去做活動推廣，經過嘗試改變，願意走出教室之外，比較有無多元收入的差異，以往她可能只是單純的教課，只是用時間去賺取所謂的講師費用而已，但現在她也擁有更多元的機會，她現在有兩種收入了。

一旦有了待遇的提升、收入的提升，持續的做，她

存的錢就會愈來愈多，同時資產也就可以變多，當資產變多，從資產再帶來的收入也會逐步的增加，也會更多。

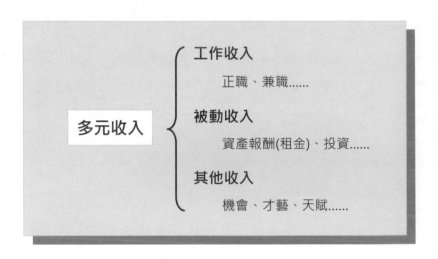

還有一種多元收入就是在講天賦，擁有天賦的多元收入其實是展現自己的能力，你有其他的能力去賺更多的錢，是展現出你賺錢的能力，這種賺來的錢你拿到手是會有成就感的，感覺會有一種「被肯定」或「自我肯定」的收穫。很多人用「數字」來做為有多少收入的計算標準，

但是用數字衡量收入大小的那種收入，可能只是你用時間、勞力的工作條件所換來的，是沒有什麼特別感覺的，而如果你擁有一項才藝或是興趣，就用你的「熱愛」來創造出收入，這種天賦的多元收入，獲得的開心程度是用錢買不到的。

❀ 天賦多元收入不求多，有就是「多」了

人們往往會用表面來定義天賦能力的價值，講到天賦，因為普遍大眾多數的人都沒有，就會覺得擁有天賦的人，他的收入應該要賺很多才是，比方像是職棒明星、運動明星或者是歌手、電影明星，可能一齣電影、一場演唱會、一個廣告代言……就能一次進帳很大筆的收入，因為只有少數，所以就會認為這是特殊案例的特殊待遇，一般人或是自己是不可能擁有天賦收入的。

其實認真來說，真正的天賦就是一種熱情、一種發揮自我價值跟滿足的付出，少數某些人付出一點點就能賺很

多，自己付出的熱情卻不一定有回饋，或許你付出很多賺的錢卻不多，但背後的意義是不同的，如果你覺得這個天賦賺的錢很少就不賺了，我不禁要想：「你的天賦和夢想真的一點也不值錢嗎？」、「是你自己或者是誰叫你別去做的？」、「他們用多少錢買走你的夢想？」

所以付出熱情，Just do it！就去做自己想做的，不去算計自己的熱愛，這種天賦的收入有一天它會自動來找你的。

PART-4

財務改造的步驟

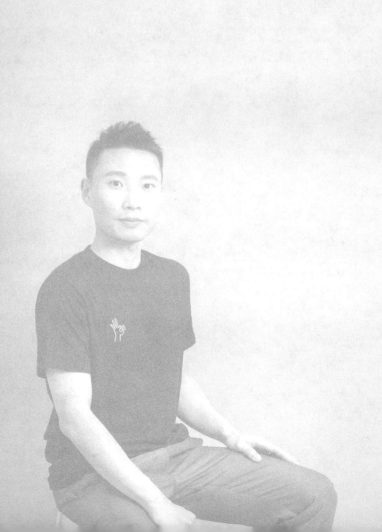

01

先理債、後理財

　　回顧一下前一篇我講 4 個處方的開始，我就說過簡單的原則就是只提應該去看的重點就好，因此不管一個人的財務狀況是如何？我都不會先管他的現況清算到底是「資產」還是「負債」，因為即使是「負債」的狀況之下，他的生活是不是仍然繼續要過？

　　只要是一個人持續要「活」下去，他都要維持著每天必須的吃、喝，那麼要不要有「一定」最基本的花費，所以就算是「負債」，是不是就不用花錢？

　　不，現實情況是就算負債，他每天還是要花錢，所以我不去看一個人「資產負債」的現況和結果。因為一個人

如果已經陷於財務的困境，你拿出一張「資產負債表」去幫他試算出他的財務現值，做出屬於他個人的「財報」結果出來，當你這個時候跟他講會計理論、講資產負債的觀念，他還是聽不懂！

❋ 負債仍要「過活」面對問題

如果沒有辦法接受和吸收，就沒有辦法真的幫助到他。

其實「負債」這個名詞對大多數的人都無法接受，講這個字眼尤其對於真正已經處於負債事實的人來說，更是沒有勇氣去面對它，反而更使他逃避，因此我不會去談負債的問題，我只帶領他來討論現實需要的，一起來看我們每個月能夠進來的錢，檢視每個月能夠餘下多少才能夠繼續再過下一個月，這個時候能擠得出所剩多少？還是要看每個月有多少的教育費、多少的生活費、多少的娛樂支出？

雖然財務改造的課程有十堂，但是我會明白跟學員講，只要是來，就是兩年！因為一個人的財務狀況如果真

的有問題，你說 3 到 5 個月就可以改變嗎？我可以跟你講
那不容易。

以我一個學員的例子來說，他自己本身是在做烘焙
的，他的薪水一到手之後當天就沒錢了，他一領到錢就把
他所有生活支出的費用、還給朋友的債務，包括「孝親費」
給媽媽的錢一次給出去，等於是他所積欠前一個月的費用
一次全部付完，隔天就沒錢了！這種感覺好像拿到錢之
後，所有的薪水都是別人的！

所以我請他怎麼做？

❀ 財務改造訂定標準收入配置照做

我按照他的情況幫他訂定一個標準化的收入配置請他
照做，以前他每個月 5 號一領到薪水，就把所有的花費付掉
了，給媽媽的錢、信用卡費、電信費、欠朋友的錢，都在當
天一次給，之後都沒有錢。但是經過標準化的收入配置之後，
現在每個月一條一條的支出，他可以知道信用卡的繳款日期

是哪一天？什麼時候要繳電話費？跟朋友的債務可以重新商量在什麼時間給？

以前他都不知道這些錢要哪一天付，就乾脆薪水一領就在當天通通付掉，所以一個月他只有一天有錢，現在他可以知道一個月之中哪一天要付什麼錢？他手上的錢可以用到哪一天？知道什麼時後會沒錢，在沒錢的那天之前，他可以先去做其他「創造收入」的事情，比方去兼差、去打工，每個月在沒錢的那天之前，他可以知道他要怎麼樣去創造其他的收入進來？看要怎麼樣去得到收入？甚至可以決定自己到底要打工或者可以不打工。

所以到現在他可以很清楚明白，從小錢開始慢慢的養成習慣，讓他每一個月存到一點點的錢，等他 12 個月存到了一筆錢，當他兩年 24 個月都可以存到錢，如果第 25 個月他沒有存到錢的時候他就會覺得很奇怪！

當他養成存錢的習慣，他一輩子只要知道收入大於支出，他的財務面已經解決了大半，他已經習慣存錢，接下

來他就可以做資產配置，懂得去分散風險，就不會一次的
錢，放在某一個特別好賺的地方遇到風險而賠光光。

　　所以再進一步的資產配置也就是分散風險的用意，先
能夠做好「保命」的事，然後就可以安心的去賺收入，持
續的讓第一桶金慢慢開始累積起來，由負轉正之後財富的
累積就會慢慢愈來愈多、愈來愈快。

02 入大於出

　　財富的累積和你賺多少錢並沒有關係，我曾碰過一個月收入 1,000 萬的人，當時有一個機會很榮幸可以跟他握手，但兩年後碰到他，結果他卻破產了，他會破產表示他沒有存到錢，兩年前他有一千萬，但是現在沒有了收入、也沒有資產，試想他每個月的支出有多少？當一個原本月入千萬的人突然間變成什麼都沒有了，碰到了困境的時候該怎麼辦？就算他還僅剩一輛代步用的車，沒有了收入，可能就連加油的錢都沒有了！

　　所以不管你擁有多少，重點是現今你的收入有沒有大於支出？你的資產或許是房地產、股票或是其他金融商品，但可能會隨著市場景氣的不同變大或變小，也或者會

因為意外遭逢損失，甚至消失不見，可是你若每個月的收入是大於支出的，怎麼樣你都還是能夠活得下去，日子可以很自然過得去，這是很基本的道理！

❀ 想改變明天，就先改變今天

入大於出的觀念很容易，大家都懂，因為只要收入大於支出，就會有「結餘」，也就是能夠有儲蓄；入不敷出正好相反，是收入不夠支出，就得要借貸。

當碰到財務困境，日子還是得過，要先活下來，借貸是需要的，你不能說你今天已經過不下去了還都不去借，人還是得積極地去面對明天！活下來，你才能去探討為什麼會落到這番田地，可以檢討缺失，重新找到方法和出路重頭開始、重新站起來。

所以，當下收入和支出無法平衡，解決方案不外乎只有兩個：一是增加收入；二是減少支出。但這個小學生都懂的事情，為什麼大人做不到？原因就在現實「入不敷出」

的「當下」問題沒有解決。

因為大部分的人面對「財富」的問題都看『資產負債表』，由於『資產負債表』是年度的，是整體清算的，現況如果是負債，就好像什麼都動不了，就以為什麼都不能做；但是「收支」的問題是要看『損益表』，其實『損益表』才是處理「當下」的事情。而你若想要改變明天、改變未來，當然就要從今天做改變，那麼想改變負債的狀態，當然也要過好每一個「今天」才行！

❀　「結餘」要進行收入的配置

比如我當時負債百萬時的經歷，在當時我的狀況每個月要攤還兩萬出頭，可是我自己的租金、生活費用也還需要一筆，而我每個月的收入進帳之後，全部用來還款加上日常花用，我沒有任何結餘，每個月又都是歸零，我能夠做什麼？

而是當我把債務經過調整之後，每個月攤還的金額變

成 7,000 多塊，我的收支不再每個月都是歸零，成天籠罩在擔心入不敷出的恐懼陰影，我的收支有了空間彈性，「當下」過得去了，以「時間換取空間」也換得了我重新翻轉的條件與可能的機會。

所以「入大於出」表面上看起來簡單，但我要告訴你它真正的精義，是在「結餘」兩個字，因為一個人的收入就算是入大於出雖有「結餘」，但是沒有去做「收入配置」或是把它儲蓄下來，一旦碰上危機變故，既有的財富仍然可能會不見。而現況若已是負債的人，如果每個月的收支不能「入大於出」留有「結餘」去做一些關於財務改造的功課，仍然不能使他的財務狀況轉危為安。

因此，不論你的財務現況是好、是壞，你是否有讓你財務週期的「結餘」積極去進行配置，而不是放任它在無意中流失掉，才是「入大於出」的真正要意。

03

還款債務計劃

　　當財務問題面臨了困境，現實要渡過是一個問題，不得已還是得貸款、不要怕借錢，可是就算是面對貸款負債，也要了解承受負債正確的因應之道。

　　就像前述我自己的經驗為例，一個好的還款計畫並不是用最短的時間去還完，而是在看我這個時候我有多少能力能夠負擔這個金額，但是通常我們發生財務需求的情況，直覺就是看我們缺多少，就借多少？比如買房子、買車子、創業、投資……我們都是看「需要的數字」，而不是看我們能「負擔的數字」！

　　有債務，還款是必須面對的事實；而沒有債務，未雨綢繆之下你有多少的條件可以負擔多少的債務，因此倘若

我們想要貸款的時候，其實應該是看我們能夠負擔的部分有多少，才去借多少的錢。

像是我的每個學生，我帶進來時都會讓他們至少設定一個兩年的目標，先是「富人養成計畫」上完之後，實務我們就會進入這個階段，一旦當他生活當中發生了什麼問題的時候，就隨時跟我這邊來做討論。

我也會給他一定的功課，比方他現在的房子現在值多少錢？可以跟銀行去貸多少？不一定真的要去把它貸出來，而是讓他自己去了解目前的現況，這就像是在參加升學考試一樣，在之前的時候我就出題目給他讓他去練習，讓他知道他在財務有哪一些部分，可能在銀行的觀點上面他還不足的？有成、沒成沒關係，重點是他開始了沒有？從他自己的職場和銀行往來關係去找，從他自己身邊的親友好友人脈關係去努力，了解自己有多少的資源，不一定真的要從我這裡，而當他身邊真的沒有任何資源、沒有管道的時候，我這邊也有，也才提供給他。

　　這個過程的重點是能夠讓他了解自己的狀況，除了自身的條件之外，自己相關財務的資源，身邊能夠網羅到的資源程度如何？可以找到提供協助、可利用的資源有多少？

04 稅法上的各種收入

　　「收入配置」、「資產配置」、「被動收入」、「多元收入」，這 4 帖藥方或是拼圖，每一塊的進行都有它的觀念和智慧，我們若要區分這 4 個部分到底哪一個難？哪一個簡單？其實反而是最後「多元收入」的這個概念最簡單，因為若只有一種收入，自然就只有單一的一項收入，如果除了既有的單一收入之外，你每增加一種收入項目，自然就會比你原本既有的收入要多，若再增加不同項目的收入，當收入的種類來源愈多，收入自然也就愈多。

　　可是大部分的人會問：「哪兒來的這麼多種其他的收入？」

或者是說：「其他的收入都是不務正業的來源。」

「有辦法同時兼這麼多的工作嗎？」

…………

大部分的人為什麼不會主動去想要創造自己的「多元收入」？不知道的原因可能是自己從來沒有想過，而究竟有哪一些多元收入，其實在我們「所得稅」的稅法裡面第一條就告訴你了，政府課徵我們所得稅的來源名目，就有 10 個項目，這意味著合法的收入來源就有 10 種，但是大部分的人，因為只有薪資要被代扣所得稅，所以只有想到「薪資」才是主要的收入。

而大部分的人，只習慣擁有一種薪資收入，因為薪資真的是自己付出時間、勞力去公司上班幫老闆賺錢的對價關係，才是踏實「一分耕耘、一分收穫」的所得，所以對於其他的收入來源，會有道德上的鄙視心理，也就不會主動去爭取或是去了解，那麼就會是觀點上的自我封閉，你必須先把它打開，並且去接受它才行！如果政府的法律規

範就明定了這些所得項目，並且向我們課稅，那就代表這10種所得都是合法的，我們又為什麼要拒絕接受「薪資所得」以外的其他收入呢？

那麼稅法上，所得稅的稅目除了「薪資所得」以外，到底還有哪些其他的項目呢？你在 10 種課稅項目之中擁有幾項的所得來源？哪一些所得項目其實自己可以去創造出來呢？……這個問題，我在這裡保留不說，讓你自己動手滑一下手機「Google」一下就知道了！

在我『富人養成計畫』的課程之中，我也是經常出題讓學員自己去做功課，很多網路上就找得到的資源或是答案，隨手可得，可是大家如果自己不會主動去查，不自己去找也就不會去想。所以當自己親自去把答案找出來的同時，其實自己在那一刻也知道自己可以做些什麼了！

因為要知道很容易，但是要做到很難，特別是說要「創造」出10種的多元收入，很多人能夠擁有2種、3種不同的所得收入就很不容易了，要創造出 4 種、5 種……甚至

是更多，那就更不得了了！因此先從最基本的「知道」開始，自己最能夠理解自己的能力和天賦，或許在「知道」的那一刻同時，自己現有才能技藝就可以為自己多增加 1 種、2 種多元收入了；從輕而易舉的知道自己可以新增出哪幾項的多元收入之後，進而才可能積極去「創造」其他想要的多元收入。

各種所得收入項目(所得稅稅目)及其他你想得到的收入

(所得收入項目)　　　　(是否擁有)

1. ＿＿＿＿薪資所得＿＿＿＿　　＿＿✓＿＿

2. ＿＿＿＿＿＿＿＿＿＿＿＿　　＿＿＿＿＿

3. ＿＿＿＿＿＿＿＿＿＿＿＿　　＿＿＿＿＿

4. ＿＿＿＿＿＿＿＿＿＿＿＿　　＿＿＿＿＿

5. ＿＿＿＿＿＿＿＿＿＿＿＿　　＿＿＿＿＿

6. ＿＿＿＿＿＿＿＿＿＿＿＿　　＿＿＿＿＿

7. ＿＿＿＿＿＿＿＿＿＿＿＿　　＿＿＿＿＿

8. ＿＿＿＿＿＿＿＿＿＿＿＿　　＿＿＿＿＿

9. ＿＿＿＿＿＿＿＿＿＿＿＿　　＿＿＿＿＿

10. ＿＿＿＿＿＿＿＿＿＿＿＿　　＿＿＿＿＿

其
他　＿＿＿＿＿＿＿＿＿＿＿＿　　＿＿＿＿＿
所
得　＿＿＿＿＿＿＿＿＿＿＿＿　　＿＿＿＿＿
收
入　＿＿＿＿＿＿＿＿＿＿＿＿　　＿＿＿＿＿

　　＿＿＿＿＿＿＿＿＿＿＿＿　　＿＿＿＿＿

第三篇

富有的健康體質

（財務習慣）

富人養成計畫
為你的未來換個有錢人的腦袋

財務要能夠做得好，循序漸進、按部就班去做是必要的，然而存錢或是創造收入的工具種類和選項有很多，並不一定是非要先做什麼再做什麼，重點是要養成好的財務習慣。

　　人的潛意識力量是很大的，若當我已經養成了每個月存錢的習慣，如果有哪一個月沒有存到錢，自己一定會非常的失望，甚至會非常生氣！能有這種體會，就表示已建立起關心財務的習慣了。

PART-5

財務配置的水庫理論

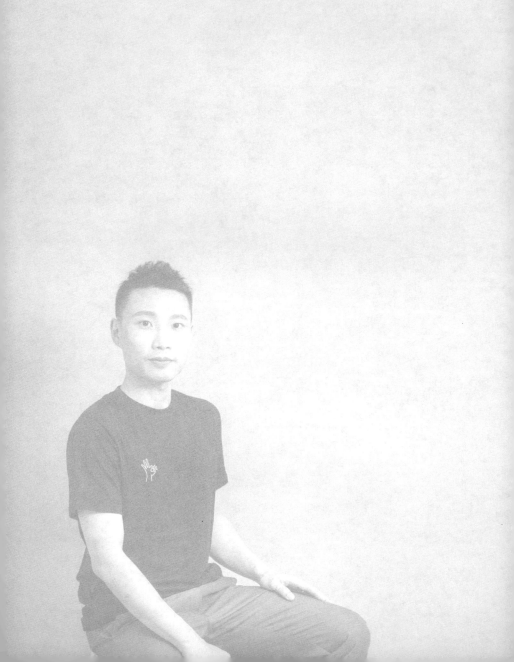

一個水庫的蓄水量大小，就表示一個人的財務體質好壞，好體質的水庫一定是有源源不絕的水源流進來，就像財務的金錢流量它其實是一個「動態」的，你必須看一個持續性而不是只有某一段時間而已。

因此要建構一個好的財務體質，水庫蓋得好不好？有沒有持續性、豐沛的金錢收入進來？不是現成可以辦到的，必須要長時間養成良好的財務習慣。

一個人的財務水庫裡面不管有沒有水，最基本的第一步就是要能夠讓水進來，必須存到錢，讓這個水庫能夠維持正數進來，不管是多是少，當你這個水庫開始有了水，你這個水庫就能夠有永續性，也就不會乾掉。

01

金錢的流量

在進行財務改造的執行開始動作之前，我會用一個水庫的觀念來講財務的計劃，你才會懂怎麼去進行改造，比方我這個有輝水庫現在有 1,000 萬，如果每個月我的支出是 10 萬塊，那我這個水庫可能 100 個月就會乾掉了。

如果我這個水庫每個月正 10 萬進來，那麼它永遠不會乾，所以這個水庫必需要源源不斷的有活水進來，只要確定這個水庫每個月有水進來，不管是多是少，只要是正的，它就永遠不會乾！

財務水庫有水進來，夠不夠多？如果想要讓這個進水可以愈來愈多應該怎麼樣做？

最基本的就是增加收入，要有一個習慣性的方法，是可以使它產生正向循環，持續愈來愈多的。

再進一步，金錢流量便是綜合了「收入配置」與「資產配置」的循環，要讓收入的源頭怎麼進來？怎麼運用？怎麼再生收入？它也就像是一座水庫裡的水是如何積蓄進來？如何流出使用？如何再生循環？

❀ 收入配置的蓄水

管理金錢流量的「收入配置」，就是要看你有多少的收入之後，靠一個良好習慣把它存下來，不管是 10%、20%，當收入愈高、存的愈多，同時也讓你的財務水庫裡的水愈來愈多，這是最基本的第一步。

舉例就算是一般人可能只是在上班，沒有上班就沒有收入，更別提會有其他的收入，但只要他有上班，他就有可能一個月存個五千、兩個月就有一萬；一個月存一萬、兩個月就有兩萬，這兩萬如果拿去放在對的資產，如果這

個資產的年報酬率 10%，那他明年就會再有多 2,000 元的
被動收入。

資產配置	年報酬率	被動收入
5,000	10%	500
10,000	10%	1,000
20,000	10%	2,000

　　所以我把資產比喻成就是水庫，以水庫的理論來講被
動收入，就像是在水庫的上游再去蓋一個蓄水池，可以讓
水自動進來，可能是收集雨水的地方可以再把集流的水引
流進到大水庫裡，這也要花時間去建構，可是一旦建構好
了的話，未來這個小水池它就會持續的把水引流進來，這
就是被動收入的概念。

　　金錢流量的意義就是要讓錢去流動，錢如果只是放著

不動它不會多，愈是讓金錢去循環流動，建置好金錢流量的機制，金錢的數量則會愈多。

　　簡單的觀念很多人知道，但是雖然知道，卻沒有辦法真正去做到，所以我把它簡化成最簡單的資訊，道理很簡單，也很容易去做，不必去想要兼差、去多增加收入，也還不必去花費心思想要如何創造多元收入，即使只有一種收入、一筆儲蓄，就很單純讓它去動，用這樣子的方法就可以讓人家很容易去行動。當真正去行動之後，看到收穫，也就會更習慣地去落實，也會找到更多的方法和管道去讓金錢更有效率地去流動。

02 建立防漏機制

接下來的第二個觀念就是強調建立水庫的防漏機制，也就是我們看資產要怎麼放？一個 1,000 萬資產的人，他把全部的 1,000 萬放在活存、定存嗎？所以我們應該去建設自己的防水機制。

舉例我們水庫的水會自然蒸發，我們怎麼樣讓它不去蒸發？或是當蒸發了之後怎麼樣再補進來？所以要看有沒有建設一個系統，怎麼樣讓這些蒸發掉的水再從別的地方回流？如果水庫的環境做好保育，那麼上游的水會再持續地進來到這個水庫，那麼這個水庫自然就有一個水的再生機制。

 資產配置的再生與防護

「資產配置」的其中有一個重要的部位是所謂的「保命錢」，它如同是我們財富水庫系統當中的一個「防水機置」，防止你財務水庫裡的水漏掉、流掉，就算有少數的一些水漏掉或流掉，保命的資產配置可以再接續新的水引流進來。

所以擁有 1,000 萬水庫的水怎麼樣配置才算是好的應用？比方如果白天我們要用電，我們利用水流去發電，讓水流到了下游，而晚上我們不需要用電的時候，那麼我們可以把水抽到上游去，白天的時候再放水再讓它產生電，就可以再讓它在需要的時候，再度產生能源出來。

這 1,000 萬的例子就是一個資產配置，任何一個水庫都需要一個堅固龐大的霸體像碗一樣把水圈住，在外頭有個保護圈，目的是不讓這 1,000 萬的水全部流掉，所以外面的這一層就叫做保護圈。所以如果有 1,000 萬的配置其

中，可能要放 300 萬配置在一個保護的機制，也就是「保命」的錢，這 30% 就是保護我們不會瞬間失去所有的資產保護圈，用來建築與維持我們資產水霸霸體的防漏機制。

而其他 70% 的部分，我可以去做「投資」和「投機」的部位，經由其他的資產配置，不管是「投機」或是「投資」，它會再生出額外的被動收入，有了這個被動收入等於它其實也是回到了第一個部分所談的收入，有愈多的收入就會循著原本的計劃比例配置得更多，存得更多，資產更多，於是又會有更多的被動收入。

03

支出的管理

　　「收入配置」與「資產配置」都是讓我們可以按照預算的比例配置去維持我們的「財富水庫」持續的運作，倘使我們用水的能量（即支出的能力）可以承受更大的水庫蓄積量，甚至也可以透過貸款的決策讓自己水庫的水量更加豐沛，然後擴大進行再進一步的「資產配置」，在預算支出的能力範圍之中，剩下 10% 也可以去做投機的事情。

　　收入累積之後，收入的配置會影響你的「資產配置」，也就是你要把收入進來的錢，分配花在什麼目的和用途上，所以「支出管理」簡單說，就是「有多少錢、就可以做多少事！」也就是支出的能力，再延伸更多，還包括你後續的貸款和還款計畫。

　　所以支出管理也就是將你收入的進帳，按照配置的概念固定放到儲蓄、投資、生活開銷、貸款攤還……的各個項目之中，當你每個月要花多少錢都已經很熟了，就像每天花 1 分鐘刷牙一樣的意思，變成習慣之後，你的「財報」就這樣子了，然後每個月可以存多少也大概就知道，既然對過去可以清清楚楚，那就不會對未來沒有希望。

　　當養成了支出管理的習慣之後，按照比例會有一部分是把月收入存下來的，那麼有 10 萬月收入的人，如果存 10%，每個月就可以存 1 萬下來，如果月收入有 100 萬的話，一個月就可以存 10 萬塊下來。如果你要增加多少收入，那你就必須要去做多少的準備，又如你已經知道你一月必須要支出 3 萬元，那麼你的活儲帳戶裡有 9 萬，你就可以知道你至少可以過 3 個月，這 3 個月你是可以很放心的！

　　同樣的概念，你的支出如果有一部分是花在可承受的負債攤還上，而這筆「負債」如果是可以提供水庫更多水

量的持續性累積，而不是純粹流掉，那麼這雖然是一筆負債，但卻是一種「好的負債」，它能夠增加促進「金錢流量」的運作，使財富能有正向循環的產生，這種「好的負債」並不是浪費，而是具有建設性的！

5-3
支出的管理

PART-6

財務的平衡與風險

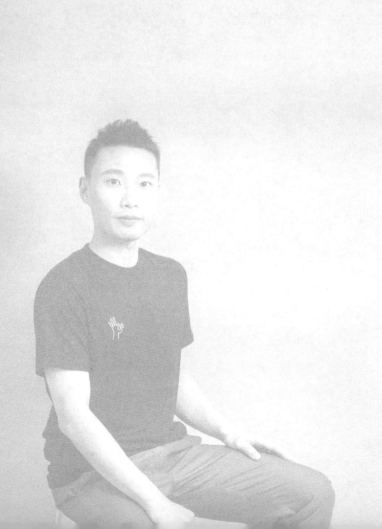

財務改造也就是把不好的財務體質調整回復健康,最基本的財務調理有 4 帖藥方,這 4 帖藥方有它必須配合的做法以及步驟進行,就如人體需要攝取均衡的營養才能維持身體健康,其實這也就是在追求一種「平衡」。

財務改造的這 4 帖藥方也就像是 4 塊拼圖一樣,要把它拼貼完整,就必須先由手中既有的一塊,去找另一塊與它相關聯的第二塊拼貼在一起,然後再找第二塊、第四塊,按照關聯步驟才能將它拼完整。

而要維持這塊完整的拼圖捧在手心不會破碎、散落,你必須要隨時保持平衡,還必須小留意自身的環境,避免去觸及到周遭的風險。

01

預算的配置

　　「預算配置」的這個絕招是從「收入配置」的基本觀念延伸出來的，重點是在累積收入來源之前，就要有一個預算把它存起來，這就要先認知你的「收入背景」，收入的背景就是指你的收入都是怎麼進來的？

1. 首先要知道你自己的收入有哪一些？有多少？

2. 再來你就是要看怎麼樣來存？要存多少比例？

　　從最小部分的比例 10% 或 20% 去做一定的支出目的，比方你設定 10 到 30% 的部分，就是去玩樂、去教育或是捐贈，讓它去發揮它的最大功能，而不是依照你有的

收入是多少，再看你花掉多少生活費，剩下多少，才決定自己有多少錢可以去玩，這樣的話你的財務就會有危機。

要當錢的主人，從這最小的收入配置習慣，養成你對於每一筆財務支出的目的，都是有意義的支出，剩下的部分才當生活費用。

3. 可能的收入還有哪些？

在還沒有到這個步驟時，通常大家都會覺得：「生活都不夠用了，怎麼還有多餘的可以拿去娛樂？」所以第 2 點是最難的！可是如果你沒有從小的比例去做配置，思維也就是停留在做錢的奴隸，不能當錢的主人，那麼你「大的比例收入」也永遠不會大。

所以當你擁有了「收入配置」的能力，自然而然，你就還會想到你的收入，可能不只是「現有的」來源而已，你還會意識到你收入的來源還來自其他「可能的」，那麼就去建構它，從不只是你現有的「工資收入」而已，你會開

始更積極創造出你的「非工資收入」。

4．非關能力的其他收入可能有哪些？

　　收入配置大部分的比例我們按照預算的配置去維持我們的「財富水庫」持續運作，倘使我們用水的能量（即支出的能力）可以承受更大的水庫蓄積量，那麼在預算支出的能力範圍之中，其中 10% 也可以去做投機的事情，甚至也可以透過貸款的決策讓自己水庫的水量更加豐沛，然後擴大進行再進一步的「資產配置」去創造新的收入。

02
創造自動流入的金錢流向

　　除了配置是一種循環的秘方，錢也可以拿來賺錢，當第一步的存款，我們把每個月的月收入 10% 存下來之後，累積到一段時間，所存下來的錢經過了資產的配置又放在了一個可以去創造多餘收入的時候，那麼這個被創造多餘收入的部分，它又可以再創造出一些收入進來，這也就是一個循環。

　　前面提到過最難的被動收入就是去創造金錢出來，如何積極的去「創造金錢」，大家可能也會直接聯想到「創業」，能夠創業當然很好，但若選擇創業，我會鼓勵大家是往「天賦」的這個部分去發展，才會有熱情、才會高興！

　　但這裡我們談怎麼樣讓金錢可以自己流入進來，創業

增加多元收入是屬於「創造」的方式。

回到資產配置，只要做好分配的比例，把資產放在一個對的地方，假設我們有一千萬，就算沒有任何收入「活水」，可是我單把資產去買三棟房子出租，就有租金收入。

或者是把這一千萬裡頭的六百萬拿去買股票、去生股息，如果就是固定 5% 的股息來講，一年都會有固定三十萬的被動收入，這就是資產配置的一個部分。

就像第一帖藥方的「收入配置」原則一開頭就講到，只要是有收入就會有支出，那麼我們只要導引配置好金錢的流向，收入的配置就是把支出的項目做比例上的分配，因此如果支出的分配本來就包含在收入之中，那麼只要收入沒有問題，同樣在其中所含的各個支出問題，也一樣就能搞定了！

被動收入

多元收入

收入　收入　收入

收入配置

捐贈　生活花費　貸款攤還　長期儲蓄　財務自由　教育　玩樂

才藝

天賦

資產配置

股利

投資錢　保命錢　投機錢

租金

獲利

利息

　　資產的配置也一樣，建立良好的財富觀念，不用深入去討論太多相關負債的問題，因為負債也可能是由資產衍生出來的，比方說已經有房子的人並沒有貸款，他藉由房屋貸款把錢貸出來之後，這些拿到手的錢其實是你對銀行的一筆負債，但是對你自己來說，是增加了一筆可能幫你創造其他更多收入的資產。

　　在資產配置的這個部分，同樣也關係到「負債」或「投機」的策略，雖然我最早的負債就是因為「投機」而造成的，但是我們不能夠因此而恐懼「負債」這件事情。對於負債來說，它有「好的負債」和「壞的負債」之分，倘若你的收入沒有問題，支出可以承受得起負債的攤還，那麼你選擇增加負債，當你把這筆負債拿到手的時候，你就要立刻去做資產的配置，決定是要配置在可以創造更多收入的資產項目中？或是純粹的消費項目？

　　所以試想把你自己當成一個公司，如果是公司，你該怎麼樣經營？你必須要去看你的財務，如果你懂得資產的

配置就會有一個基本的「財報」概念，只要了解你現在擁有哪一些資產？你習慣購置哪一方面的資產？分清楚哪些是好的資產？哪些是不好的資產？自然而然就可以知道你資產現況會為你的財富帶來增加或是減少的結果！

　　建構好自動的金錢流向，才能夠使你由收入的配置開始，擁有穩定的財務正循環，持續的財務累積。

03

財務風險

　　其實最大的風險是在於自己並不知道自己存在於什麼樣子的風險之中，也就是自己看不到、自己不知道，自己所處的境地有什麼風險潛在於哪裡？所以風險的潛在性問題自己看不到，往往才是最可怕的。就如有一些財富能量很大的人，因為平時大筆大筆的金錢進進出出已經很習慣了，金錢對他們來說並不是問題，但為什麼我們有時還是會看到「一夕破產」的事情發生？

❊　外部風險上門，是不認金錢能量大小的

　　因為對於風險的疏忽，即使金錢能量很大的人，也可能會因一些投資失利，或者一下子因應不了大筆金錢流量

的支出，一時週轉不過來就馬上倒了。對於那種突如其來一夕之間所浮現出來的危機一旦過不了關，問題沒有辦法解決的時候，他一樣也會陷入財務的困境。

很多人陷入財務的困境不知道要怎麼面對，當不知道該怎麼辦的時候往往逃避的心態就會出現，反而什麼事都不敢做，可是這個關總是要過。所以積極的危機處理是要懂得如何去面對因應。懂得如何站起來，那就不用害怕會跌倒了，縱使跌倒也會知道如何重新爬起來！

❀ 內部風險大小，得要「自我量力」

風險有時候是為了因應外在的因素，但有時候「風險值」的大小則是來自於自己，也就是本身的能力能否可以掌控，自己能做的事情可以到哪裡？像在升學考試之前，要參加模擬測驗，可以判斷自己的能力和實力的程度在哪裡，所以我就會出個測驗給他，我會去問他知不知道自己的財務有多少能力？不知道的，就像前面提過的方法，我

會請他去跟銀行申辦貸款，看銀行願意借他多少貸款的額度，核貸不出來的，就等於是隨時曝露在財務的風險之中，一旦碰上財務問題當場是過不去的；而核貸的額度很少、利率條件很高的，也是高風險族群，遇有危機要過關的代價是非常昂貴的。不管貸款申辦的結果有成沒成都沒有關係，能借也不一定要借出來，我們的目的只是要讓他知道自己有多少能力而已。

❋ 踰越「風險值」的承受範圍，叫做冒險

知道自己能力的大小，也就表示自己可以承受財務危機「風險值」的大小。

一個人的能力條件有多大，「風險值」的承受力多寡，可以用樓高的程度來做比喻，像是已經在五樓的人能不能再往上到六樓七樓掌控更大的權勢、更大的資源？如果一個人的能力只有在四樓，卻叫他做六樓的事情，這就等於要他去承受來自於本身能力上的一個風險，潛藏的危機就

在於他所不能夠掌控的各種現實層面問題。

　　所以說，如果一個人的能力有限，那麼就讓他在能力範圍以內，做他所能夠掌控的事情，這是比較安全的，也比較不會有太大的風險，但如果超出了自己的能力，做自己能力所能承擔之外的事，就是一種冒險。

　　比如經營一間年營業額千萬的藥局，與年營業額十億的連鎖藥局，它的庫存、流動資金、人事成本規模……等，所承受的風險是不同的。

　　就以我個人而言，會以購買保險來轉嫁風險給保險公司，自己也會規劃信託財產的切割，就因應突發的意外事故方面，我也有為家人準備生前契約。

第四篇

財富的探索

（財務能量）

富人養成計畫
為你的未來換個有錢人的腦袋

財富對於我的意義，在我從有到無、又再從無到有，我感覺到我的人生，在協助他人「財富自由」和「財務改造」教練傳承這塊領域，我是有使命的。

　　除了財富養成教育的使命之外，我還希望能夠帶領大家探索其他看不見的東西，就財富方面看不到的東西是一種「價值」，也就是金錢的能量；而就生命方面看不到的，擁有財富之後，更高的層次階段是對於人生的探索！

PART-7

財富與價值的變化

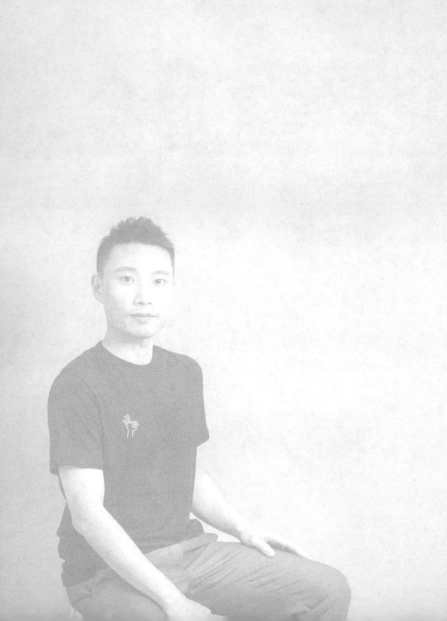

01

貨幣戰爭

有關貨幣戰爭的觀念其實和我們貨幣購買力是習習相關的，我們處在不同的國家、不同的時代，貨幣的價值如何評定？可以購買多少商品的數量？

為什麼貨幣持續貶值？什麼是貨幣無限多？

通常貨幣因為可以用來交換貨物，所以也被當成是衡量計算財富多寡的工具，可是當如果現存的貨幣被取代消失了，真正的財富是什麼？其實貨幣在每一次的戰爭或是政治、金融制度的變革，都會更改變換貨幣，像台灣現在使用的是「新台幣」，有「新台幣」就代表過去使用過「舊台幣」，「舊台幣」再早之前台灣使用的是「日幣」，「日幣」更早之前則是滿清時期的貨幣。

　　而現在的「新台幣」已經使用 70 年了，或許「新台幣」目前仍然穩定，但是世界各國的幣值跟我們台幣的關係，是縮水或是膨脹？這其實點出了一個「財富價值的變化」問題，因為貨幣戰爭的關係，所以影響到我們個人財務跟財富，會有很大的關係，有人懂得因應，會讓個人的財富更精進、變的更好，有些人不知道因應，就有可能會像上一次更換貨幣的衝擊讓自己的財富一夕歸零。

　　因此貨幣戰爭可能會帶給人產生財富兩極化的變化，因為這樣，所以我們才需要去做這四帖「財務藥方」的因應配置，無論發生什麼事件我們財務的平衡都已經做好了，不會因為未來的事件讓我們的財富不見，這個事情就像是一個考試，這個考試一考就知道我們的財務完整了沒？

　　其中一個是貨幣的部分，如果貨幣發生動盪，我們手上如果擁有黃金，當一般的貨幣不見了，但黃金的國際公定價格還在，等到新貨幣出來之後，新的貨幣會被定義出

新的價值出來，到時候我的黃金也會重新有一個對應的價格。

除此之外，當貨幣發生動盪，我們還有什麼收入是可以持續進來的，如果我們有房子出租，更換貨幣之前我現在收新台幣，萬一更換貨幣，我還可以收未來的貨幣，同時我們的房子也會重新有一個對應的價格。

所以面對貨幣戰爭，未來如果我們要因應財富「重新定價」的這個機制，我有沒有決定權？還是我是被擺佈的？所謂的被擺佈，就像是一個舉例：我在舊台幣的時代買一張人身保險，我用舊台幣買一張 100 萬的壽險保單，可是當舊台幣換新台幣，變成 40,000 元舊台幣換 1 塊錢新台幣時，我的壽險馬上變成 25 元新台幣，我是被「貨幣」所「定價」了，而無法由資產重新定價！

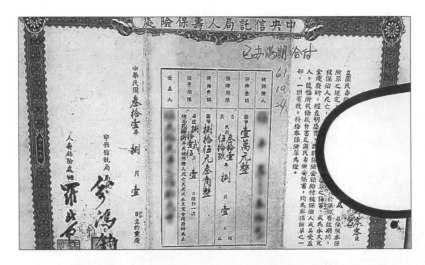

民國 31 年的壽險保單

　　一般人面對財富通常只關心到帳面上的數字，也就是「我現在握有多少錢？」但卻沒有認識金錢的數字多寡和實質購買力之間的關係，正是被這一場「貨幣戰爭」所左右決定的。所以如果我們看到自己的帳戶的金額和以前的數字一樣，並不是代表你的財富沒變，因為貨幣戰爭的影響，因為貨幣貶值、通貨膨脹……實際上你的財富是在減少的。

台灣歷年「基本工資」調整情形

◆民國 45 年初訂基本工資為每月 300 元（新台幣、下同）。

◆民國 57 年 3 月 16 日發布「基本工資暫行辦法」，並調整基本工資為每月 600 元，每日 20 元。

◆民國 67 年 11 月 29 日發布，自 12 月 1 日起實施，調整基本工資為每月 2,400 元，每日 80 元。

◆民國 77 年 6 月 28 日發布，自 7 月 1 日起實施，調整基本工資為每月 8,130 元，每日 271 元。

◆民國 86 年 10 月 16 日發布，自 10 月 16 日起實施，調整基本工資為每月 15,840 元，每日 528 元，每小時 66 元。

◆民國 96 年 6 月 22 日發布，自 7 月 1 日起實施，調整基本工資為每月 17,280 元，每小時 95 元。

◆民國 106 年 9 月 6 日發布，自 107 年 1 月 1 日起實施，每月基本工資調整為 22,000 元，每小時基本工資調整為 140 元。

※ 資料來源：整理自「勞動部」官網公開資訊

比較早年房價顯見「通貨膨脹」貨幣價值的差異

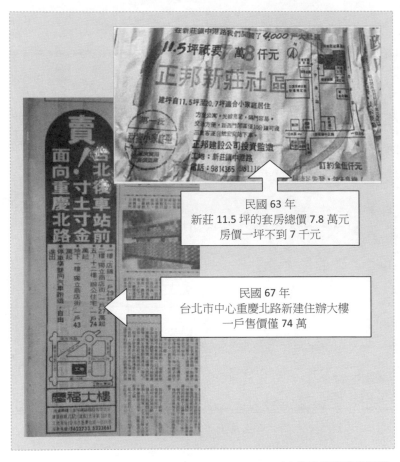

民國 63 年
新莊 11.5 坪的套房總價 7.8 萬元
房價一坪不到 7 千元

民國 67 年
台北市中心重慶北路新建住辦大樓
一戶售價僅 74 萬

※ 取自網路資訊編載

02 國債鐘

　　在美國紐約曼哈頓的第六大道上，設有一個「國債鐘」，隨著時間它會持續更新數據，顯示的數字意義代表美國國債總額以及每一個美國家庭所負擔的債務總額。

　　回到我們要覺察自己財富的多寡和社會經濟的變化有什麼關係影響？我們就上美國「國債鐘」的網頁，在課堂上我跟學員分享的時候，我就都直接先開個網頁，這個網頁上面不斷有數字在跑，數字一直跑、一直跑、一直跑，他們看了就很有感覺，我跟學員分享這是美國政府現在的所有的債務，每一秒，它的萬位數會多 "1"，代表每一秒這個世界會多 10,000 美元的貨幣在這個世界上，倒推回來我們自己的存款有沒有變多？如果我們存摺的數字現在沒

與學員分享的美國國債數字　2017.9.14

有變多，但美國的國債現在正在變多，而且不只美國，全世界各個國家……日本、中國大陸債務都在變多！

全世界的財富因為經濟活動一直不斷地變化，它是隨著時間不會停的，許多國家因為國際經濟的競爭和需求，會一直不斷地增加舉債，而為了調節疏緩債務，各國的央行會實施貨幣寬鬆，那麼其中一種方式就是印鈔票，大量的印鈔也就是會讓貨幣持續的貶值，隨之而來也就會產生通貨膨脹。

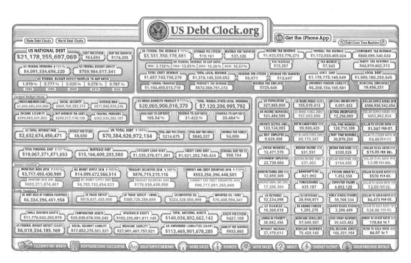

美國國債鐘網頁 http://www.usdebtclock.org

　　要怎麼感覺全世界通貨膨脹的程度變化？從美國的國債鐘就可以從數據上的變化明確的了解。

　　國債鐘的數字變化同時也代表了我們每一個人財富資產的變化，比方我們在 2009 年國債鐘的數字是 "109" ，到現在是 "211" ，那就是說明了你在 2009 年的 109 塊錢現在沒有變成 211 塊錢的話，就表示你的財富其實是減少的。

　　那麼現在美國的國債是多少？透過國債鐘的資訊知道，現在美國是 21 兆 1 千億美元，我會取前面的數字 3 個 "211" ，你看到現在 "211" 的數字是現在這本書發行時的數字，回到 2016 年 12 月 1 號，我有截圖下來那一天美國國債是 19 兆 9 千多億美元，也就是 "199" 這個數字。這跟我們的財務有什麼關係呢？這跟我的財務非常有關係，它表示我在 2016 年 12 月 1 號的 199 元，現在沒有變成 211 元，那就不對了！所以每個人當時的 199 萬，現在應該是 211 萬才對；2016 年 12 月 1 日 199 萬的房子，現

在是 211 萬才是合理。

　　所以當這個貨幣流動跟運作的規則我們知道之後，我們就不會認為用錢去賺錢是貪婪的，我們只是把錢放在對的位置而已，我們並不是要去賺價差，這是我很喜歡分享的議題，也是我的動力來源，所以看美國國債鐘有記錄 1990 年的時候美國的國債是 4 兆美元，如果 1990 年的時候你有 400 萬，到現在沒有長大成 2,000 萬，表示你實質的財富並沒有跟上貨幣的價值。

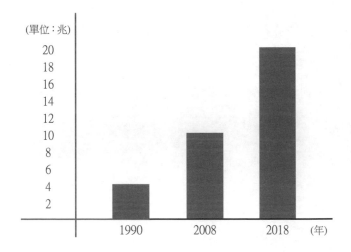

(單位：兆)

美國國債 1990 年為 4 兆，2008 年為 10 兆，現今 2018 年已達 20.1 兆

(單位：美元)

03

金錢能量

我在課堂上問學員：「有誰身上現在有帶 2 萬塊錢現鈔的？請舉手。」

這個調查的結果是，沒有！

在我的皮夾裡隨時一定都會帶有兩萬塊以上的現鈔，沒錯，我說的是「現鈔」，不是提款卡、不是 i-cash……除了「塑膠貨幣」外，真正的新台幣鈔票。

有人問帶這麼多錢在身上做什麼？我知道學員的疑惑是「為什麼」帶 2 萬元在身上的「動機」。但我關心注意到的是～

「您們覺得 2 萬塊錢叫做『多』嗎？」

「金錢能量」是什麼？

「能量」是流動的，就像「風、電」一樣，有電才能產生能量，我們平常所付出一點一滴的金錢，其實就像風和電一樣，它其實也為我們交換產生出一點一滴的能量，所以錢怎麼樣去花？就是一個金錢流動！

一個人習慣把錢花在什麼地方？花多少數字？多少的比例？跟他最後由金錢所回饋回來獲得多少的結果，有很必然的關係，這就是一種財富的金錢能量。

不管我們擁有的是薪資或是其他的收入，我們每個月總是有一天會拿到錢，當我今天有十萬，我怎麼花？我有二十萬，我怎麼花？花錢的部分就是一個金錢的能量，像是喜歡把錢花在旅遊的人，他所花出去的金錢能量會讓他獲得旅遊所回饋的能量，因為他在旅遊這方面他會特別的熟悉敏銳，這衍生到後面其實也就是他在旅遊方面所具有的「天賦」。

比方一個經常旅遊的朋友，一般人可能不知道他是怎

麼會有這樣的能耐，但是他卻可以招待友人去 Las Vegas 旅遊，他在某一家賭場飯店已經是 VIP 了，自然對於當地非常熟悉，帶朋友去那兒玩，他可以用他的 VIP 身份免費住一晚，只要你親身讓他招待體驗過一次之後，你就會感受到他花在這兒以及從這兒所回饋的「金錢能量」了。

用這個例子當然是因為金錢數字的金額龐大而顯著，不用說明解釋你就能「看」到什麼叫做「金錢能量」。

可是就一般人來說，金錢能量是看不到的，甚至一個人有多少的金錢能量，自己也感覺不到，因此很容易去忽略掉它，雖然說能量是可以靠累積，慢慢變得很強大的，但是大部分的人因為不自知而忽略了它，它也就會自然流失不存在了。

像是上課，你願意花錢投注在「正能量」的產出，課程學費當然是你投入在教育費的預算，而你可能開車去上課的油資、停車費或者交通費，這個其實也是教育費，但是往往有很多人的想法反而會因為交通不便或停車不便，

要花車資、油資、停車費,認為還要額外的支出花費就捨不得去上課學習,就因為區分不出金錢能量的屬性和大小,也不懂得如何去應用,就會想說這是花費,是浪費的,於是一想到說要「花錢」,就會抗拒,最終可惜就沒有把錢花在「正能量」的生產累積。

當人們忽略了金錢能夠產生能量並且累積,或認為所有的金錢都是浪費,往往該花的大錢不敢花,而沒必要的小錢花得起卻捨得花、就拼命花,金錢的應用沒有把它花在該花的地方,就像是原本可以擁有能量卻沒有把它應用或累積,讓它流失掉是非常可惜的。

PART-8

財富循環流動的進與出

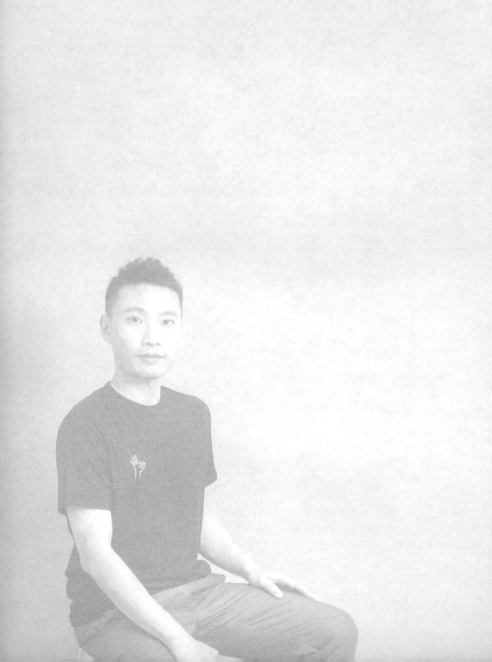

01

財務自由

　　現今的我可以達成財務自由，也是從負債之後重新走出來的，因為我走過這一條路，所以在陪伴帶領學員邁向財務自由的這條路上，我會知道他現階段在什麼地方？接下來會碰到什麼？以後要準備什麼？……

❀　財富創造力，是從「零」開始的能力

　　每一個人在尋求財務自由的努力過程中，對於財務改造的重要以及財務危機的風險意識，同時都能了解必須及早預防和避免的重要性，雖然大家都知道，但不一定會去做！如果陷入財務困局當中的人，雖然也懂得要重新爬起來，但也不一定知道要如何重新來過！

　　要能「重來」，必須知道怎麼「開始」，所以財富重整和財務改造的最基本概念，也就是教你如果在最開始沒有任何本錢的時候，怎麼樣無中生有創造財富？就是要自我認知自己有什麼本事？自己的能力有多少？

　　在能力之內，去做自己能夠掌控的一些事情，也是有一些層次的，比方我的能力目前是在五樓，雖然我可輕易地爬上五樓，但我並不一定要立刻上到五樓去，我在四樓可以發揮比較輕鬆自然的實力展現，能夠去帶領三樓的人爬到四樓，或者帶領二樓的人上三樓，因為我的志向和目標就是希望能夠帶領底層的人，能夠教他們怎麼循序漸進爬上來。

　　如果我自己直接上到五樓，那麼想把底層一樓的人帶上來，就距離他們太遠了，反而不能直接幫助到他們，所以目前我維持在這個層次，不一定要立刻上去，當我覺得成熟，把這些人帶到跟我一樣在四樓的位置的時候，我們再一起往上爬上五樓。

這是我對我自己當前的一種規劃，同時我可以避免掉一些的風險，在我能力可及的範圍之內去幫助我可以幫助的人，讓他們也能夠跟我一樣達到財富上的一定程度，大家可以一起成長。

❀ 熟能生巧，效率倍增

在這樣子帶領學員爬樓梯的狀態，也是在訓練我自己爬樓梯的速度。也就是，當底層的人從一樓爬到二樓的過程，他所花的時間是其實是最慢的，因為這是完完全全要從基礎打起，幫他跨越門檻的過程，但是當他真正突破瓶頸，有了從一樓爬到二樓的能力之後，二樓爬上到三樓就會更快了，再從三樓爬到四樓的時候又會更輕鬆。

我這樣從一樓到四樓之間上上下下，帶領學員往上爬，相同的過程重複做，同樣也是第一次的過程可能比較辛苦，可是第二次就會比較快，第三次就更輕鬆了，其實也是在訓練自己爬樓梯的速度更快。

用樓層和爬樓梯的觀念來比喻財富累積「量與速度」的關係

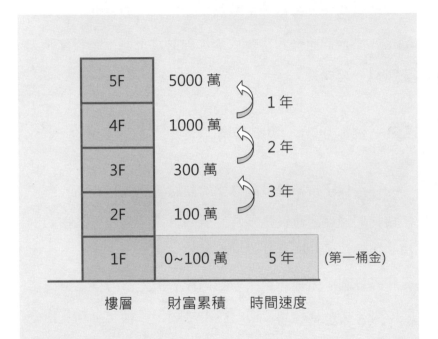

樓層	財富累積	時間速度

> 財富累積的第一桶金是最辛苦，時間也會是最長的。

> 當擁有了第一桶金以後，財富累積會因為經驗、條件、熟練……
> 等等，使財富累積的能量效率倍增，財富累積的時間會愈來愈
> 快，數量會愈來愈多。

這對於財務現況無論好壞，處在多高位階的人都一樣，原本在平地上的人想往上爬，本就要試著學會樓梯怎麼爬，而原本就已經是在樓上的人，他如果沒有經歷過從一樓走上二樓、三樓的過程，一旦落下到了平地之後，要是沒有電梯，他就不知道該如何回復他原來的榮景。

02

利他就是帶大家實做共好

　　最好的利他方式和一般的學習不同，最主要是「同理」，這跟我在醫療業有關，因為我一直在醫療的領域之中看到了太多的病、痛、苦，所以用同理心來看財務上的問題也是，如果一般人可能現在所面臨的財務狀況是感到痛苦的，這也如同疾病其實是在暫時提醒我們身體出了狀況，要注意，財務現況的窘境和痛苦，也只是反應了我們在過去沒有好好的處理財務上的問題，在提醒我們要關心財務。

❀　「同理」才能在一樣的高度扶持協助

　　我很感恩自己經歷過桌球、經歷過游泳，年輕時那段

桌球會打，可是不懂得怎麼教人，就是因為不能「同理」，而我游泳沒有很厲害，但是我會教人，就是因為可以「同理」別人，因此我感恩我的每一段經歷，讓我知道自己的天賦能力可以怎麼傳承給他人。

現實之中不乏許多投資理財的專家，他們可能很懂得財務理論基礎，但不一定會教，而像我這樣本來並不是很懂財務的人，又在從財務上真正跌倒過，如今財務自由真的是透過實戰一步一步再重新爬起來的，因為經歷過這些過程，所以我可以同理他們的心境。

財務重新改造的階段，我會知道你現在在哪裡？每一個階段會面臨什麼？應該要做什麼？你在一樓，我帶你上到二樓，你在三樓，那我帶你再往上去，而如果有人是搭電梯上來的，那我也可以把他帶到一樓，再重新上去，因為他們不知道要怎麼一步一步爬，這才是他的財務所潛藏的最大危機，因為萬一突然面臨一個考驗測試沒有過時，他不知道怎麼回來！

❀ 習慣養成必須真正去「做」

改造好財務的體質，不是要檢討現在的病痛，過去的事情不重要，而是要面對未來，必須重新再來調理好財務的健康狀況，每個月養成良好的習慣，從每個月做好自己收入配置的功課，每個月在自己的臉書或是群組 PO 文，把自己的財務狀況做一個自我的檢視，我們說身體的健康情形重保養、講養生，就是要養成一個良好的習慣，持續去做，同樣的要能夠讓自己的財務體質健康，也要養成一個好習慣，這就是最簡單的一種方式。

如果他自己都不願意自我成長、自我學習、自我實做、自我淬煉，那麼沒有人救得了他。

在我的課堂上我都會帶領學員親自實做，學員以外的朋友聽說我帶財務改造的課程可以帶領實做都很好奇，怎麼樣實做？像「收入配置」我就會讓我的學員做兩次，第一次做他自己的，第二次做標準化的。

❀　實做才會發現問題，才會真正「有感」

「一個月要賺多少錢？多少錢是剛剛好？」我一開始都會問學員這個問題。

「什麼才是剛剛好？錢當然是越多越好！」

我以其中學員為例帶著大家做，第一次會按照學員自己的意願請他進行配置，比方這個學員他一個月要花8萬，那就請他把他的收入配置自己寫下來，接下來我就會要求請他「回去照著做！」這時候他心裡頭就會有一個OS出來了，他會開始疑惑？因為照著做的話，假設他一個月賺 80,000 元，按照他的配置 8,000 長期儲蓄、8,000 規劃財務自由、8,000 做教育、8,000 做玩樂、4,000 捐出去、44,000 只能當生活支出，這時他的困難點就出現了！

「可是我一個月要花8萬，只有4萬4我不夠，要怎麼活？」

這時我就跟他說：「我知道，對啊！4萬4不夠，可是就按照你的收入配置去做。」

我就問他：「44,000 元可以活多久？可以過幾天？過半個月可不可以？」

「可以！」

所以薪水在 5 號領，到 20 號沒錢了。

那麼好，我就說：「44,000 過到 20 號，21 號怎麼辦？」沒錢了該怎麼辦？我問他：「長期儲蓄、財務自由、教育、捐贈、玩樂、生活花費總共 6 個罐子，現在有 5 個罐子，哪一個罐子最不重要？」

他就說：「玩樂。」

「玩樂的額度有 8,000，你要拿多少出來？」

「好，拿 4,000。4,000 元可以過幾天？」

「勉強一天花 500 塊錢，4,000 塊錢還可以過 8 天。」

「8 天過去了，到下一次領錢還有幾天？」

「好，那你覺得哪一個帳戶不重要？再從那個帳戶裡頭把錢拿出來。」

「有沒有可能你這一次ㄍ一ㄥ過去了，結果你卻存到了好幾個帳戶。」

跟過去比起來，他八萬一拿到手，立刻就花花花……然後就沒了，以往他有錢的天數不超過 20 天，可是透過我這樣子讓他做收入的配置之後，他有錢在手上的時間超過 20 天，之後就不一樣了。

　　所以我按照這個學員的例子，給其他課堂的學員能夠去理解收入配置的重要。

03

天賦自由

擁有財富之後，更高的層次階段是對於人生的探索！

談到最後這裡，大家可以翻回到我最開始第一個章節「金魚缸」的開場，回顧一下我們為什麼要進行財務改造？如果這是電影畫面的情景，你看著這個金魚缸的螢幕會慢慢地推近、畫面不斷地放大，最後化成一個水晶球，水晶球裡的你一直不斷忙忙碌碌地賺錢、賺錢、賺錢……彷彿像金魚一直不斷地張嘴吃、吃、吃……

要到什麼時候才會知道滿足？知道夠了？人們多半都只關注於「自己沒有的」，卻忽略了自己其實已經擁有的，所以在「富人養成計畫」的最後，當你學會了「爬樓梯」，能夠由負轉正、從無到有之後，你還要意識什麼是「有」？

什麼是「夠」？才能夠「知足」！

　　因此除了財富養成教育的使命之外，我還希望能夠帶領大家探索其他看不見的東西，就財富方面看不到的東西是一種「價值」；而就生命方面看不到的，我最想要傳達的是一種「感恩」。

　　我感恩自己曾經有過兩次從死亡邊緣存活回來的經歷，第一次是我連記憶都還沒有時，有一次我意外摔破頭，父母急忙去敲診所的門，醫生說當天他本應該不在的，沒想到卻正好在而救了我，否則以當時我的傷勢嚴重性，我的生命是絕對過不了當天的；第二次是前幾年我在宜蘭過年，一支衝天炮直衝射入我床頭上的冷氣機裡引發火災，瞬間整個房間立即陷入火海，倉惶中我什麼都沒帶就逃了出來，回想當時起火點就在我睡覺的頭上，如果當時梯間堆放雜物或是房門打不開，如果意外當時伴隨了其他小小的任何一點閃失，我就離不開火場了。

　　經歷過死亡也就會特別珍惜生命並且充滿著感恩，我也感恩自己經歷過桌球、經歷過游泳，年輕時那段桌球會打，可是不懂得怎麼教人，是因為不能「同理」，而我游泳沒有很厲害，但是我卻會教人，就是因為可以「同理」別人，因此我感恩我的每一段經歷，之所以成就今天的我，也就是因為我的每一段經歷！

　　當我現在都在幫助他人，指導別人面對因應問題，因為專注在他人身上可以很清楚看到別人的問題，但是自己的狀態有沒有什麼改變或需要調整？自己如何覺察呢？於是我便為我自己整理出一個自我能量象限，就「獻世、講財、共好、勸恩」的關係項目，因時間或活動情況所可能接觸到人的數量多寡、交流互動的深淺，將各種可能變數細分出簡化因應的狀態，可以幫助提示自己隨時檢核自己的現況並加以調整。

富人養成計畫

少人 ON					ON 多人
獻世	迎接 3 死	無限不爭	要 500 家	集體意識	獻世
講財	目標帶領	文字簡答	應練溝通	時事好文	講財
共好	OPM 被動	回報負責	成為平台	福利共享	共好
勸恩	轉介親友	談父母好	帶人聚心	孝恩文化	勸恩
獻世	給予榜樣	以身影響	天賦服務	熱情投資	獻世
講財	有效諮詢	檢視規劃	課程勤跑	陪伴充電	講財
共好	信任合資	奉上分紅	創投合作	借力移交	共好
勸恩	社區家聚	交情增溫	跪奉古茶	感恩活動	勸恩
少人 OFF					OFF 多人

個人自我規劃的能量象限

✾　探索自我天賦

為了探索自己的天賦才能，我就去做探索自己這一塊的功課，我從心智心靈啟發過程中的一個「人類圖」找到我自己是誰？我去探索自己，探索完自己之後我知道，我擁有的天生功能跟意義是可以帶領一群人去做某些事情，這些事情可能是有關財務的事情，並且協助每個人把他們自己的功課做好，我擅長的就是這個事情。

於是當我發願我未來的部分就朝這個方面去發揮，一路走來似乎也非常的順遂，冥冥中這像是合我的「八字」也好、或是「人類圖」的啟發也好，在探索認識了自己，發現自己適合走這一條路，去幫助別人達成財務自由。有了一個明確的目標，就奉獻出自己實際去做，去接觸學習怎麼樣去帶領人，去改變這個社會。

但有時候自己也會怠惰、也會犯規，所以當決定做什麼事情的時候，就跟相關的同伴講，那麼就有一群同伴可

以互相的勉勵、可以修正自己,比方說要做「資產配置」、要做「收入配置」,把自己的想法講出來,這也是一種在激勵自己的方式。

講財、獻世、勸恩、共好

我領悟出這所有的關聯和關係之中所交織的道理。我發願要影響 500 個家庭去做好財務這件事,就是「講財」的道理;所以我帶領這個團隊去做這件事情,有一群人一起走也是一種「共好」;這樣才顯示我們在做任何事情,都在影響這個世界,也就是「獻世」;而達成財務自由拿一部分出來做孝親,讓父母不必擔心、讓父母放心,這部分也就是「勸恩」的領域。

在我個人從投資失敗,經歷過兩次死亡的經驗後,我認為人生一定有我自己應該要做的某種任務或是什麼應該要做的事,我人生的意義是什麼?我的天賦是什麼?我從財富以及生命的「重生」之後,發現我想要走「天賦自由」

的這一條路，也成為了我個人人生最重要的一個使命！

現在的社會大家如果能夠多一份愛跟貢獻的話，會讓這個世界更美好，所以我用「陪伴」帶領學員，並且由我們自己先做好，把我們有的、我們會的，盡可能去教大家，讓大家可以在每年財富都是不斷在成長的情況之下增加收入，不僅讓大家能夠有實際更多的收入，同時也倍增你的時間，那麼想要的生活、想要的家庭、想要的健康……大家都會有更豐富的人生。

附篇

財富職涯・心的事業

（學員生涯改造與陪伴）

01
協助 500 個家庭的目標志向

　　開啟「富人養成計畫」課程之後，我就發願希望能夠影響到 500 個家庭，因為自己的生命重新來過，我相信其他人也可以從我財務改造的這個部分開始做起，藉由課程我將我自己改變過的生命過程傳給每一位學員，然後每個學員回到了自己的家庭和個人領域，他可以把自己在課程當中學到的收穫，在生活之中再去自然地影響到其他周遭的人，而這種過程可能開始我認識 10 個人、10 個學員，直接影響這 10 個人之後，10 個人又可以再去影響他們身邊的 10 個人，就會有倍增的效果，我覺得這個目標其實不難！

身體力行

　　我希望能夠在 5 年之內去影響到 500 個家庭，我是以身體力行的方式去做，每個學員我透過拜訪和陪伴的過程，在「富人養成計劃」的課結束之後，不定期我還是會安排時間到各地各個學員的家庭或工作崗位去拜訪，去了解到他們一點一滴的改變，以及需要協助的地方。說是協助，其實並不是實質上去幫他們做些什麼事情，而是去了解、關心，學員們上過我的課，而我這個教練如果能夠出現在他們的面前，算是在心裡上給予他們最大的支持，其實改變是出於他們自己的，我每一個、每一個去訪視學員，陪他們聊聊天，可以給他們帶來信心，並且可以陪伴他們去自我檢視他們的改變與進步！

開枝散葉

　　為什麼我會身體力行去陪伴每一個學員，因為我相信每一個學員會真正去影響身邊的人會是因為看到我的心，重點是我的心是站在一個「利他」的角度來去做這件事情，這樣才會把好的財務能量影響力真正的擴散出去，而不是到了某個地方就停了，因為我們每一個人都願意去傳達智慧和好的理念，都要用更加謙遜的心，如果一味地說自己的好，有時候愈是用力，愈去叫別人去幫我推 5 個人、推 10 個人，愈用力去推，不見得會有好的效果，而是要讓人家真正產生認同，能夠感同身受之後，覺得真的好，很自然地就會在身邊去分散這樣的影響，這樣的影響也才會真正的長久。如果這件事情是用很快速的方法，我用課程方式快速「壓縮檔案」，傳到學員的腦袋，然後請他們立即「解壓縮」去影響身邊的朋友，身邊的朋友一旦因為動機原因而無端生起懷疑，一旦對他提出一些挑戰疑問的時候，不知道他能不能解決？如果不能解決，那麼自然影響力的種

子反而就因此斷掉了，原本一個好的種子如同「揠苗助長」的結果，就這麼不見了！會是非常可惜的。

我是覺得好好的把一個願意做、也用心做的學員帶好，讓他自己也能夠感受到這樣的好，如果看到像自己的家人或另外一半也開始存錢，而且不只存錢，是存資產，資產又帶來更多的收入，他就可以去決定，是不是也可以繼續去走財務教練，去傳承當講師的這條路，或是做自己的天賦，做第二份、第三份、第四份收入的時候，他會更好，就是這麼簡單。當他財務條件和他實際呈現的生活表現很貼近，別人可以看到改造財務病體變健康也沒有這麼難，這時候他就會更有信心去影響其他的家庭，因為「就這麼簡單」。

02 正向循環（學員回饋）

豐原-郭峻廷

　　喜歡大家叫他蕃茄的學員-郭峻廷，本身在豐原地區就算是當地旺族的第三代，家裡開的「豐源飯店」緊臨慈濟宮旁，在當地就有七十年的歷史，另一端的廟東夜市就屬豐原地區最繁華熱鬧的黃金地段，夜市能夠形塑成為現今的光景，早年正是由爺爺主持攤位區分的，那時就有２個單位在收租，因此就財富而言，蕃茄的家世就已經非常的不錯了。

　　我當時看到有輝教練的「財務改造」課程，一開始是覺得很好奇，一般人都講「投資理財」，為什麼要叫做「財

務改造」？財務又為什麼需要改造？而且還開十堂的課？當時我想說自己的被動收入就已經非常的多了，我還需要去嗎？

當時只是抱著好奇的心態想去一探究竟，沒想到聽完課程的分享之後，卻大大的驚喜，內心的感想就是：「好在是自己真的有來！」

因為課堂的分享之中，有輝教練所點出來的財務這項東西不僅僅只是數字，讓我察覺到的是自己原本也和大多數的人一樣，只要聽到「理財規劃」這個四個字，就覺得應該要「有錢」才能夠進行，所以手頭上資金有限的人就會對於「理財」這個字是距離非常遙遠的。而有輝教練「富人養成計劃」這個課程它的名稱又叫做「財務改造」，上了課之後才感覺到真正改造的其實不只是在金錢上的數字增加而已，他是讓你「往內」先做調整，理解觀念，這種觀念就好像打通「任督二脈」一樣，打通之後就可以由內而外知道自己還欠缺什麼？怎麼樣讓數字增加？

　　因此，後來才知道為什麼要把錢放在股票上，從最簡單的擁有一張股票，就能領取股東會發放的贈品，也是一種額外的收入，只是不同形式，從不同形式的思考，金錢就像前面所講的它不是一個數字而已，也有可能是實物、實品或是其他看不到的東西。財富的觀念其實是要擁有一個真正的資產，要把錢放在對的資產項目中，一個不會讓你財富縮水，可以跟得上通膨的資產。

　　對於「國債鐘」的啟示，就呈現了「通貨膨脹」無形之中的可怕，讓人非常有感，全世界通膨和物價上漲的發生現象我們並不會隨時隨地感覺得到，因為一般人手上拿著一張 1,000 元的鈔票，等到一年後，他這手上的 1,000 塊錢鈔票還在，看到的這個 1,000 塊錢並沒有減少，可是他並不知道事實上這個 1,000 塊錢的購買力其實已經因為通膨而縮水了，所以現在我只要看到自己的資產數字在增加，就會覺得很高興，我的投資獲利不是為了去賺差價，從另外一個角度來說，當我看到我的財富越來越多的時候，我可以因為看到數字沒有減少而開心。

台北-蔡佩樺

　　有輝教練對於財務改造的過程其實也如心靈上的一種
啟發，就像我在做心靈 SPA 這方面的工作，我能感受到有
輝教練真的是由「心」的層面在做，他並不是直接教我們
怎麼樣去執行技術上的獲利，而是先從我們的財務習慣做
起，他是非常有耐心在跟我們建立財務觀念，帶給我們貼
近財富的「正能量」。同樣像我是在做心靈 SPA 這樣子的
工作，在幫客戶進行舒壓按摩時的身體接觸，其實是與客
戶之間做一種能量的交換，客戶的壓力舒解了，但壓力則
被吸收替代到了自己的身上，我能體會有輝教練所釋出能
量的背後，是需要有多大的累積功力才行啊！

　　因為在我的專長領域當中，要能予客戶好的體驗，必
須先讓我自身的能量是「好」的，如果自己的心裡有煩雜
或不舒服的狀態，在為客人做 SPA 時，客人吸收到的也是
負面的能量，反而會感覺愈做愈累，因此一個好的 SPA 芳
療師，自己必須要去找到自己的方式把自己的能量調好，

比方接觸大自然、禪坐、進行健康的食補……等等。

　　因此我能夠體會到相同感受，是有輝教練用這種知識賦予和交換能量的財務改造形式是讓我們在根本上面把自己的財務體質做好，它有點像是幫我們生了病的財務問題找到一種調養的方式，當這種調養成為習慣建立之後，其實也就不太可能讓我們日後會有財務上的危機。

　　從我自己本身在做SPA的這個工作其實也是很費力、很耗費精神的，有輝教練雖然沒有直接告訴我，但是上了他的課程我能自然意識到自己可能面臨的財務困境，像我一天能夠做多少個客戶其實也是有限的，我理解我自己的工作收入可能只有這一項，而有輝教練給予我「多元收入」的觀念，以及「被動收入」的觀念，就是要讓我自己去開發出新的收入來源。

　　我意識到我的工作本質有先天上收入的上限，怎麼說呢？因為我做的也是服務業，就好像是開一家餐廳，以餐廳來說因為它的座位有限，因此有「翻枱」的考量，也就

是一桌客人吃完、換下一桌客人消費,那麼一天能夠賣多少的生意?做多少營業額?如果能夠「翻枱」翻愈多次,營業額就愈能夠撐得起這家店的生意。同樣道理,換算我的這個專長職業能夠服務的客戶是有限的,一個服務的流程如果一個半小時,那麼一個下午也只能夠做兩個客戶,就算從早上排到晚上一天最多做滿 6 組的客戶也就只有 6 筆營收收入,那麼一個月我要做多少天呢?就算做滿 30 天都不休息,也是 180 個人次,跟 180 筆營業額收入而已,所以在這個行業之中,我知道我的上限有了瓶頸,那麼如何開發出「被動收入」或是「多元收入」?

顯然自己只有一塊拼圖是無法拼出一整片的完整圖案的,那麼就要去找能夠與自己這塊拼圖合得起來的其他拼圖來拼,我從有輝教練這邊了解的這個概念之後,認為我這個專長領域或許無法立即有被動的收入,但是可以有多元的收入,因為在客戶的相對體驗之中,他們的需求並不是只有身體上的放鬆,在心靈上也需要放鬆,所以我結合

了其他的相關心靈服務也納入進來，比方像是食補、氣補、有機食材的周邊商品銷售，然後也有教授課程，我從以往只是用時間跟體力賺取收入的單一模式，轉換成有各種不同多元的收入，也正是實踐有輝教練對我財務改造的一個有效的事證。

　　因為心靈的層面經過有輝教練的指導，在財務面讓我也擁有更安定的收入，我也可以進階擁有多元的收入，選擇股票市場適當的標的再增加被動的收入，這些多元和被動的收入能夠讓我再收入，財務方面有了安定的心理，進而也可以讓我在主業的專業領域去更精進自己，提供更好的服務給我的顧客，甚至提升了我的商品服務價值。這是一種正向的循環，其實它是從基本、到進階、到高階，必須循序漸進才能夠去達到的財務層次，許多人都想財務的滿足能夠一步登天？其實應該回歸踏實，把自己能夠發揮的能力去找到自己可以創造出來的收入，當你發現自己擁有的能力不只一種，收入也就可能不止只有一種。

● 房市全方位之著作發行　　● 創業投資職場課程講座
● 房仲業務內訓課程規劃　　● 多元領域之講師群陣容

智庫雲端　職場、財經、不動產專業出版發行

【房產財庫】叢書書目：

1	房市房市！搞懂人生財富最大條的事 (增修新版)	范世華◎著	400元
2	就靠房市躺著賺	賴淑惠、范世華◎著	280元
3	終結釘子戶-都市更新解套的曙光	洪明東◎著	250元
4	房仲話術大揭密	賴淑惠◎著	280元
5	房仲勝經-縱橫億萬商機	張欣民、范世華◎著	400元
6	小資首購術-敗犬變屋婆	賴淑惠◎著	280元
7	我是 612-我當包租公	蔡志雄◎著	300元
8	勇敢用桿-房地產快樂賺錢術	慶仔 Davis◎著	360元
9	勇敢用桿-法拍屋快樂賺錢術	林廸重、方耀慶◎著	300元
10	房市黑皮書 Happy	郭鴻屯◎著	300元
11	房市黑皮書 Story	郭鴻屯◎著	300元
12	住者有其屋	洪明東◎著	260元
13	思房錢-我的心	郭鴻屯◎著	300元
14	租！是大吉	陳玉霖◎著	320元
15	宅女飛揚心-城市收租集	楊　馨◎著	300元
16	亂世出英雄-小資屋婆低點購屋術	賴淑惠◎著	300元
17	房市日光大道-張欣民老師談房論市	張欣民◎著	300元
18	小農女存房記	施靜雯◎著	300元
19	翻轉時局-贏家 4.0 心思維	謝秉吾、馬先右◎著	350元
20	94 狂-素人房地產快樂賺錢術	廖柏全、張典宏、陳冠佑 李瑞欣、陳達為、方耀慶◎著	340元
21	房仲勝經-掌握房市億萬商機 (新版精要)	張欣民、范世華◎著	320元

一次滿足您擁有房市最多元齊全的著作發行
集合最多房地產權威、專家與講師的心血結晶
　　掌握不動產最具影響力的智慧與新知！

國家圖書館出版品預行編目（CIP）資料

富人養成計畫 ： 財務藥師林有輝的四帖財務改造藥
方 / 林有輝作. -- 初版. -- 臺北市 ： 智庫雲端,
民 107.08
　　面 ；　　公分
　ISBN 978-986-95417-6-3(平裝)

　1.個人理財 2.財務管理

563　　　　　　　　　　　　　　　107010702

富人養成計畫－財務藥師林有輝的四帖財務改造藥方

作　　　者：林有輝
出　　　版：智庫雲端有限公司
發 行 人：范世華
封面設計：呂斐婷
地　　　址：104 台北市中山區長安東路 2 段 67 號 3 樓
統一編號：53348851
電　　　話：02-25073316
傳　　　真：02-25073736
E－mail：tttk591@gmail.com

總 經 銷：商流文化事業有限公司
地　　　址：235 新北市中和區中正路 752 號 8 樓
電　　　話：02-22288841
傳　　　真：02-22286939
連 絡 處：234 新北市永和區環河東路一段 118 號 1 樓
電　　　話：02-55799575
傳　　　真：02-89255898
版　　　次：2018 年（民 107）8 月初版一刷
定　　　價：280 元
I S B N：978-986-95417-6-3

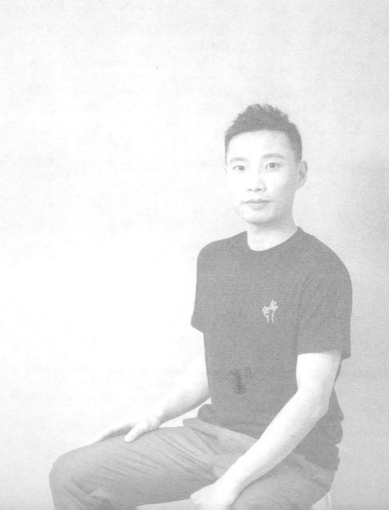

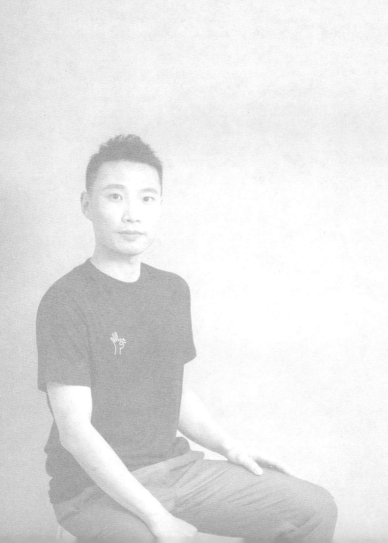